与孩子共同成长

（5—6年级）

◎ 重庆市教育学会 重庆市南岸区妇女联合会 组织编写

中国教育出版传媒集团
高等教育出版社·北京

内容提要

亲爱的家长朋友,您的孩子即将迈入小学高段,您做好准备了吗?五、六年级学生开始进入少年期,好奇心、独立意识和自我意识进一步增强,感情开始多变而且不轻易外露,内心世界日渐丰富,您知道该怎样应对吗?

本书以"家长和孩子共同成长"的教育理念统领内容,基于五、六年级孩子的心理特征和个性特征,着重从道德品质、身体素质、生活技能、文化修养、行为习惯和家长观念方法六个方面精选了50个五、六年级孩子家长普遍关注的问题。本书以鲜活的案例为依托,以问题为导向,对五、六年级孩子成长中的问题展开细致的分析,帮助家长掌握正确的家庭教育知识、方法、策略,引导孩子正确对待学习和学业,树立正确的竞争意识,并走向社会,拓宽视野,增长见识,规划好成长之路,激发持续学习动力。本书对孩子的全面发展、家长的进步和家庭教育的推进有较大作用,可作为家长进行家庭教育的资料,也可供家庭教育研究者参考使用。

主　任：钟　燕　鄢伟霞
副主任：谭　劲　吴　睫　贾　毅
成　员：赵石屏　苏飞跃　李大圣　李志辉
　　　　杨昌义　任运昌　张　婕　钟儒成
　　　　赵文朝　熊　英

主　编：张　婕　李志辉
编　者：陈　宁　黄　丹　黄　玲　姜　月
　　　　刘建妮　刘　巧　刘　旭　刘　燕
　　　　潘思颖　舒　玲　万　玲　王宏琴
　　　　夏　欣　谢　颖　谢智鸿　杨　梅
　　　　杨　庆　杨志鹏　张　怡　周　齐

为爱赋能,与孩子共同成长
——给家长朋友们的一封信

亲爱的家长朋友:

你们好!

一切爱皆始于家庭。

习近平总书记指出:"家庭是社会的基本细胞,是人生的第一所学校。不论时代发生多大变化,不论生活格局发生多大变化,我们都要重视家庭建设,注重家庭、注重家教、注重家风……使千千万万个家庭成为国家发展、民族进步、社会和谐的重要基点。"家庭是孩子成长的第一所学校,家长则是孩子的第一任老师。良好的家庭教育不仅可以促进孩子健康成长,也能推动家长自我教育和再次成长。与孩子共同成长是家长抚育孩子的应有之义,是新时代家庭教育最美好的样态。

随着经济社会加速转型,家庭结构日趋多元,家庭教育面临一些新变化新挑战。很多家长忙于工作、疏于学习,家庭教育观念未能与时俱进,常常在孩子的教育和引导上束手无策。

为了回应家长们的困境与疑惑,进一步提高家庭教育的针对性、实效性,重庆市教育学会成立编写组,组织家庭教育专家、经验丰富的一线小学校长和教师，认真学习《中华人民共和国家庭教育促进法》《全国家庭教育指导大纲（修订）》，广泛调查12 000余名小学生家长、6 000余名小学教师和1 100余名社区工作者，经过两年的努力，编写成了这套"与孩子共同成长丛书"。在这套基于家长视角的丛书里，一定有你想要的答案。

资料链接

你想成为什么样的家长？

在家庭教育中，家长应该处于一个怎样的地位？作为孩子的第一任老师，你要确保自己在家庭教育中的主体地位。

这套丛书将给予你足够的底气。一方面，丛书基于家长的需求，着力指导家长解决在家庭教育中遇到的突出现实问题，帮助家长掌握科学的家庭教育方法，提高家庭教育能力与水平；另一方面，丛书注重通过案例引导家长正确认识孩子的身心发育特点、行为习惯特征、个性差异及其与学业、学校、社会之间的相互关系，树立正确的育儿观、成长观、成才观、家庭观，转变教育行为，注重言传身教，以自身的榜样力量无声地教育孩子，营造良好的家教家风，促进家庭和谐幸福。

你应该关注孩子哪些方面的发展？

作为家长，你会比较注重孩子哪些方面的发展呢？会爱的家长一定会着眼于孩子的健康成长。

这套丛书将带你领略6—12岁儿童家长面临的真实问题。一方面，丛书遵循6—12岁儿童的成长规律，分为1—2年级、3—4年级、5—6年级三个分册，依据相应年龄段儿童的身心发展特点和家长需求，每册精选50个迫切需要解决的现实问题，提出具有可操作性的解决方法，并将尊重孩子人格尊严、保障孩子合法权益、促进孩子健康发展的理念贯穿全书，聚焦培养孩子适应当前生活和未来发展的基本素质和能力。另一方面，指导家长从道德品质、身体素质、生活技能、文化修养、行为习惯等方面培育孩子，树立正确的观念方法，引导孩子养成良好的思想、品行和习惯，形成正确的世界观、人生观和价值观，成为德智体美劳全面发展的社会主义建设者和接班人。

你可以寻找的教育盟友有哪些？

在育儿的道路上，家长从来都不是独自前行的，那你可以与谁携手呢？答案是显而易见的，那就是学校、社会。

家庭教育、学校教育、社会教育紧密结合、协调一致，是新时代家庭教育的鲜明特征。这套丛书特别重视引导家长加强与学校和社会相关机构的协同配合，让孩子主动走出家庭，融入学校和班集体，走进社区，参与妇联等社会相关机构组织的公益性实践活动。只有当家庭、学校以及整个社会所有懂教育的"家人"形成协同育人合力时，才能更有效地营造孩子成长的良好氛围。

你可以怎样开启这套丛书？

手捧这套丛书，如何正确开启呢？丛书的科学性和实用性是解开困惑的关键点。

这套丛书顺应新时代家庭教育的新特点、新要求，基于科学、实用的原则，以解决问题为目标，以日常家庭教育中的鲜活案例为载体，指导家长落实加强亲子陪伴、关爱与严格要求并重、注重行为习惯养成、充分发挥榜样激励作用、言传与身教相结合、根据年龄和个性特点科学引导及平等交流等应知的基本观念、理念，掌握应会的家庭教育基本知识、方法、策略和必须具备的基本能力。丛书重观念淡化专业术语，重常识淡化专业知识，通过形式多样的问题导入、深入浅出的情况分析和实用好用的策略指导，为家长提供了一系列可操作、可借鉴、可推广的实施路径。

所谓"父母之爱子，则为之计深远"，让我们一起做智慧的家长吧，正确面对孩子成长中的问题，树立新时代家庭教育理念，掌握科学的养育方法，为爱赋能，与孩子共同成长！

重庆市教育学会

2023 年 6 月

道德品质

1. 如何引导孩子迎难而上 / 12
2. 如何让孩子懂得感恩 / 14
3. 怎样增强孩子的责任心 / 16
4. 怎样认识和引导孩子的攀比心理 / 18
5. 如何处理孩子被欺负 / 21
6. 如何与孩子一起回顾小学六年的成长 / 24
7. 如何引导孩子远离黄赌毒 / 26
8. 怎样引导孩子克服怯懦 / 28
9. 如何培养孩子积极乐观的健康心态 / 30
10. 怎样教会孩子对朋友说"不" / 32
11. 如何引导孩子的面子观 / 34
12. 怎样才能让孩子理解父母的良苦用心 / 36

身 体 素 质

13. 怎样和处于青春期的儿子说好"悄悄话" / 40
14. 怎样和处于青春期的女儿说好"悄悄话" / 42
15. 怎样才能让孩子坚持体育锻炼 / 44

生 活 技 能

16. 如何引导孩子参与社区实践活动 / 48
17. 如何引导孩子知法守法 / 50
18. 如何培养孩子自律 / 52
19. 如何引导孩子平衡学习与家务劳动 / 54
20. 怎样培养孩子的动手实践能力 / 56

文 化 修 养

21. 怎样正确认识孩子"超前学习" / 60
22. 怎样帮助孩子缓解学习焦虑 / 62
23. 如何与孩子一起做好成长规划 / 65
24. 如何引导孩子理解衣着仪表之美 / 67
25. 如何引导孩子阅读经典 / 70
26. 怎样与孩子进行一次有意义的旅行 / 72

行 为 习 惯

27. 怎么引导孩子关心"家事国事天下事" / 76
28. 如何引导孩子与自己喜欢的同龄异性交往 / 78
29. 如何帮助孩子从"知道"变成"做到" / 81

30. 如何防止孩子沉迷网络游戏 / 84

31. 如何引导孩子文明上网 / 86

32. 如何应对孩子动不动就发脾气 / 89

33. 如何引导孩子改正报喜不报忧的习惯 / 91

家长观念方法

34. 如何与孩子进行沟通 / 94

35. 怎样体察孩子的内心感受 / 97

36. 如何给孩子一定的自由时间 / 99

37. 如何做好赏识教育 / 101

38. 怎样表扬才能更好地激励孩子 / 103

39. 怎样做才是真的"一切都是为你好" / 105

40. 怎样才能保持亲子间的信任 / 107

41. 如何处理亲子冲突 / 109

42. 怎样做不唠叨的父母 / 111

43. 怎样做才能与不在身边的孩子实现良好沟通 / 113

44. 如何引导孩子主动与我们交流 / 115

45. 怎样引导孩子多交好朋友 / 117

46. 如何引导孩子正确看待家庭的重大变故 / 119

47. 怎样才能给孩子做好榜样 / 122

48. 为什么不提倡家长带孩子去娱乐场所 / 124

49. 如何引导孩子为初中学习做准备 / 126

50. 怎样挑选适合自己孩子的初中 / 129

家庭教育涉及的相关法律条款摘录 / 131

道德品质

1 如何引导孩子迎难而上

"望子成龙,望女成凤"是大多数家长的心愿,我们希望自己的孩子在各方面都非常优秀,面对困难和挫折也能勇敢克服。可是事与愿违,在现实生活中,很多孩子在面对困难和挫折时总是心存畏难情绪,遇到一点障碍就想放弃,这可愁坏了父母。其实,当孩子在面对某一件事情已经出现畏难情绪时,家长的态度将直接影响孩子是迎难而上还是望而却步。

在孩子面对困难时,家长不经意的否定会让孩子产生自我怀疑,怀疑自己没有解决问题的能力。孩子在遇到难题时本来就不知所措,加之自我怀疑,就很容易选择妥协和退缩。长此以往,孩子就会在困难面前慢慢丧失战斗力。

那么,我们应该怎么做才能激发孩子迎难而上的动力呢?

★ **以同理心对待孩子**。当孩子遇到困难时,我们先俯身倾听他的困难,不要用几句轻描淡写的"加油,你可以的！"来回应孩子。我们要倾听孩子的感受，让孩子知道爸爸妈妈小时候也遇到过类似的难题，并告诉孩子遇到困难是一件很正常的事情。

★ **要以身作则。**父母的榜样力量对孩子的影响很深，如果父母在生活或工作中态度积极，勇于进取，孩子就会受到感染，形成积极主动的品格。我们要用自己的主动乐观、积极进取激励孩子。

★ **培养孩子解决问题的能力。**当孩子遇到困难时，我们不要急于告诉他怎么办，更不能直接帮他解决，而是要引导孩子分析困难产生的原因，目前需要解决什么，想得到怎样的结果，打算怎么做，需不需要别人提供帮助。我们要逐步培养孩子自主思考和独立解决问题的能力，同时也要让孩子学会在自己确实无能为力的情况下向他人求助的方法。

★ **正确鼓励和表扬孩子。**父母都爱自己的孩子，所以我们要以极大的热情、足够的耐心寻找孩子身上的闪光点，为孩子播种自信的种子，点燃努力的希望。五年级的孩子已经有独立的人格，我们不能用谩骂羞辱、挖苦等方式打击孩子的自信心，扼杀孩子的进取心。当孩子在独立解决问题时，我们要和孩子一起面对，帮助孩子调整办法。无论问题解决得好与不好，我们都要适时地对孩子进行鼓励和表扬。当孩子付出了努力却没有收获的时候，我们要充分肯定孩子的付出，激发孩子继续前进的勇气。当我们真正接纳孩子面对困难时的无能为力后，爱和鼓励就会让孩子树立"事在人为"的信心，产生不懈的动力。

2 如何让孩子懂得感恩

孩子接受同学的帮助后,会说"谢谢"吗?孩子的零食会分享给他人吗?现在有不少孩子以自我为中心,将长辈的付出和他人的帮助视为理所当然,对一切都受之无愧,不懂得体谅他人,没有感恩之心。

懂得感恩的人会拥有更多获得感,会感受到更多温暖和幸福,也更能与人和谐相处。学会感恩不仅是孩子健康成长的必修课,也是家风建设的重要内容。

那么,我们应该如何让孩子懂得感恩呢?

★ **引导孩子形成感恩观念。**我们在对孩子进行感恩教育时不能一味地说理、说教,而是要引导孩子在现实生活中体会感恩。我们要让孩子认识到:自己能生活在一个安定的社会、和平的国度,是因为有一群可爱的人在为你遮风挡雨,抵御外敌;自己能安心学习,是因为背后有老师、长辈、校园保安、食堂阿姨等很多人的付出;自己能有丰富的吃穿用品，是因为背后有父母、农民、工人、物流人员、售货员等很多人的辛勤劳动；自己的幸福生活里有父母的关怀、老师的教导、同学朋友的帮助、他人的服务等，进而引导孩子对他人的付出心存感激。

★ **营造浓厚的感恩氛围**。我们要发挥榜样作用，引导孩子成为一个懂得感恩的人。我们要孝敬自己的父母，感谢伴侣的付出和理解，感谢孩子的关心和支持，感谢朋友和陌生人的帮助，感谢小区保洁人员和保安的辛勤劳动……我们要在孩子面前表达自己对他人的感恩之情，还可以陪孩子一起看有关感恩的故事书籍、影视作品，让孩子在具体情境中受到熏陶，增强感恩意识。

★ **鼓励孩子实施感恩行动**。我们要指导孩子用实际行动向他人表达感恩。例如，做一些力所能及的家务来感恩父母的疼爱，亲手制作教师节祝福卡来感恩老师的教导，自觉维护小区卫生来感恩保洁人员的劳动，用微笑感恩餐厅服务员的付出。我们要引导孩子在日常生活中用实际行动来回报帮助过自己的人，做到饮水思源，心怀感恩之心，回馈、服务他人和社会，做一个有责任担当的人。

3 怎样增强孩子的责任心

责任心是做好事情的基础，有责任心的人会主动承担起对自己、对父母、对家庭、对朋友、对社会的责任，尽自己的最大努力把事情做好。可现在有不少孩子在家里"油瓶倒了都不扶"，在学校也是"事不关己，高高挂起"，责任意识淡薄。

那么，我们应该怎样增强孩子的责任心呢？

★ **强化孩子对自己负责的意识。** 我们不能只关心孩子的成绩，还要让孩子由易到难地选做一些家务。在这个过程中，我们要耐心地教给孩子做家务的方法；孩子遇到困难时，我们要给予指导，但不能包办，更不要总是挑毛病、找缺点、说不足，而是要对孩子的进步表现出欣喜并及时鼓励，督促孩子持之以恒、有始有终，让孩子尽自己的最大努力把事做好，强化对自己负责的意识。

★ **强化孩子的家庭责任感**。家庭是孩子成长的最重要场所之一,也是培养孩子责任感的主要阵地。一方面,我们要做好榜样,通过言出必行、诚信担当等体现出对家人、对生活的责任,营造良好的家庭氛围。另一方面,我们要让孩子参与家庭事务,家里的重要事情,无论是否与孩子有关系,都可以让孩子发表意见和出谋划策,并采纳、表扬孩子提出的好建议和好想法。同时,也要明确家务劳动分工,让孩子和大人一样承担一些家务;也可以让孩子在暑假期间当几天"家长",全权处理家庭日常事务。通过参与家庭事务,孩子可以增强家庭成员意识和责任感。

★ **强化孩子的社会责任感**。我们要鼓励孩子多关心同学,多参加班级活动,增强集体荣誉感;要支持孩子参加社区和学校组织的公益活动,引导孩子做一些力所能及的公益服务,如到养老院等场所陪伴老人、做清洁卫生,到社区做环保宣传等,让孩子学会关心帮助他人,增强社会责任感。

★ **教育孩子敢于承担责任**。我们要教育孩子对自己的言行负责,做错事后勇于认错,敢于承担责任,弥补过失。绝不能认为孩子年龄还小,做错事没有关系,把孩子的错误扛在自己身上。殊不知,这会让孩子觉得即使犯错也不需要承担责任,从而导致其责任意识淡薄。

4 怎样认识和引导孩子的攀比心理

进入小学高年级后,有的孩子有意拿自身的吃穿、智力、才艺等与他人作对比,并期待超过他人,攀比心理渐渐显现。

我老爸比你老爸有钱!

攀比心理是一种常见的心理现象,正性攀比是具有积极意义的攀比,是在理性意识驱使下的正当竞争,能让孩子产生积极向上的竞争欲望和勇于克服困难的动力;负性攀比是指那些消极的、伴随着情绪性心理障碍的比较,容易使孩子产生挫折感和自卑心理,影响孩子的人际交往,甚至会使孩子失去自我。

那么,我们应该怎样认识和引导孩子的攀比心理呢?

★ **抓住教育契机**。当孩子出现负性攀比时,我们不能纵容,不能一味地满足孩子的要求。我们可以和孩子讨论,了解攀比的内容及原因,将负性攀比心理引导到正性攀比上。

★ **适度满足孩子的合理物质需求**。在孩子们中间,物质攀比最为常见。当发现孩子出现物质攀比(或有物质攀比苗头)时,我们可以让孩子了解家庭的收入和支出,明白家庭的经济状况,从而让孩子合理地提出物质需求。同时,我们也要了解孩子同伴的一般需求,然后根据自身的家庭条件,适当满足孩子的合理物质需求,避免孩子长期在物质条件上产生自卑心理。

★ **让孩子适度树立"绿叶心态"**。我们要让孩子明白：金无足赤，人无完人。一个人有自己的优势，同时也有不足和短板，不可能在任何方面都理所当然地成为"主角"，在某些方面成为"配角"也是一件很正常的事情。只要尽自己的最大努力，无论是"红花"还是"绿叶"，都能发光出彩。

★ **不将孩子作为攀比的"工具"**。在教育孩子的同时，我们切记不要对孩子说：不要跟别人比吃穿，要比就比成绩；比吃穿是虚荣，比成绩才是上进的好孩子。其实，这是家长的一种错误认识，无论比吃穿还是比成绩，都包含着"你弱我强"想法。作为家长，我们应该以身作则，不将自己的孩子与"别人家的孩子"做比较，而是要引导孩子学会接纳自己，做最好的自己。

5 如何处理孩子被欺负

升入五年级的岩岩越来越儒雅文静,但近来却总是让父母担心:岩岩的同桌总是变着花样欺负他,从洒墨水到揪头发……让岩岩闻声色变。

如何处理孩子被欺负是家庭教育中常遇到的问题,如果一味退步忍让,很可能使孩子变得懦弱胆小;如果坚持"以牙还牙",很可能让孩子产生暴力倾向。

那么,当孩子被欺负时我们究竟应该怎么办呢?

★ **正向引领:尽力还原事件原貌,理性清晰地了解问题。** 随着年龄增长,孩子会扩大自己的交往范围,与同伴之间发生摩擦的频率也会有所增加。当得知自己的孩子被欺负时,我们千万不能因情绪激动而乱了方寸,甚至失去理智,做出一些不合情理的行为。我们首先要通过孩子的讲述、同伴的陈述、教师的协助,了解事件的来龙去脉与重要细节,分清楚发生的现象是孩子之间的"冲突",还是恶意的"欺负",以便采用合理的方法去解决。

★ **创造机会：依据个性进行引导，鼓励主动化解冲突。** 在了解事件的真相后，我们可以结合具体情况，根据孩子的个性进行相应的引导。如果是孩子之间的"冲突"，我们最好在第一时间安抚孩子的情绪，然后以"中立者"的身份调节现场气氛，转换矛盾焦点，引导孩子主动化解冲突。如果是恶意的"欺负"，而孩子的性格内敛、被动，我们就要鼓励孩子用合理的行为保护自己，不能总是沉默、退让、忍受。然后引导孩子在保护自己正当权益的条件下，寻找化解冲突的办法，如请同学、朋友一起分析原因，找到关键问题，再一起解决，或者请父母、老师等长辈帮助调解。如果孩子外向、主动，我们就可以引导孩子在"矛盾"中尝试"非暴力沟通"，缓和关系，化解矛盾。

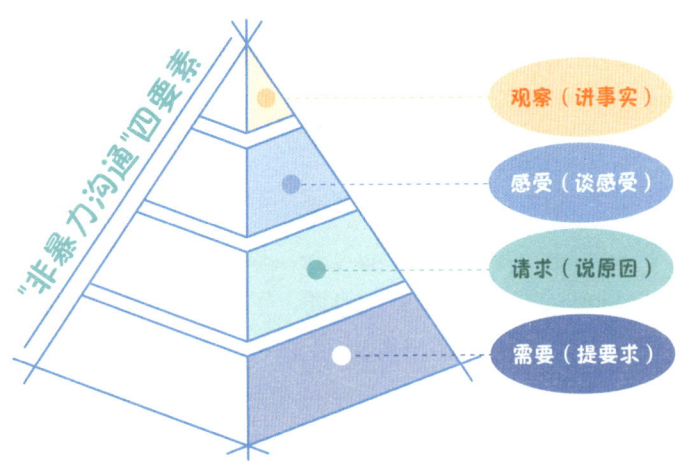

★ **放手鼓励：增强"边界"意识，学会自我保护。** 在平时生活中，我们可以借助身边的案例，让孩子树立"边界意识"，保护好自己的权益边界。例如，每个人都要尊重他人和自己的身体、尊严，即使是好朋友也不能伤害自己的身体和尊严。同时，对于内敛文静的孩子，我们还可以在平时对其进行勇敢训练，以提高其自信。我们要告诉孩子，如果遭到欺负，首先要用言语大声反抗，坚持正当防卫的同时引起周围人注意；其次要学会向长辈求助，及时防止再次被欺负。

6 如何与孩子一起回顾小学六年的成长

著名科学家爱因斯坦曾经说过:"智力上的成就在很大程度上依赖于性格的伟大。"小学的六年是孩子行为习惯养成、性格形成、品行培养的关键时期,这六年的经历对于孩子们而言也是一笔宝贵的财富。因此,与孩子一起回顾小学六年的成长经历是非常重要的,能够帮助孩子拾起更多回忆,体会自己的成长过程。

那么,我们应该如何与孩子一起回顾小学六年的成长呢?

★ **陪孩子一起回忆重要的人。**在六年的时间里,孩子一定接触过很多人,也许是老师,也许是同学,也许是长辈,也许是社会中的陌生人。他们或许是在默默地照顾孩子,或许是在孩子有困难的时候帮助过孩子,或许是在孩子情绪低落的时候安慰过孩子……他们总是在不经意间给孩子带来温暖。作为家长,我们可以通过交谈或者讲故事的方法，引导孩子回忆那些曾经给自己带来过温暖的人，让孩子学会珍惜和感恩，并尽力将这份温暖传递下去。

★ **陪孩子一起回忆重要的瞬间**。作为家长，我们要经常陪同孩子一起"翻阅"过去值得回忆的瞬间。例如，孩子第一次收到老师奖励的小红花，第一次参加运动会，第一次做一件工艺品，第一次受批评，第一次遭遇失败等。回忆重要的瞬间能让孩子坦然地面对自己人生的跌宕起伏，从而能更好地面对自己的未来生活。

★ **陪孩子一起拜访老师**。从小学一年级到六年级，很多老师都给过孩子帮助，因此，我们可以陪孩子一起去拜访他的老师。在和老师的交谈中，孩子会回忆起很多曾经的故事，这些都是孩子从懵懂逐渐长大的历史见证。老师也会为孩子的后期发展提出更多建议，既能让孩子感受到老师的关心和自己的成长，也能帮助孩子养成尊敬老师和学会感恩的美好品德。

★ **引导孩子撰写一些回忆性文章**。在学习之余，我们可以引导孩子写一些记叙性文章，包括写日记、写回忆性散文和作文等，让孩子用文笔记录那些印象深刻的瞬间。这既能帮助孩子想起他们经历过的岁月和自己的成长，也能帮助孩子提高写作能力。

7 如何引导孩子远离黄赌毒

黄赌毒不仅会严重危害孩子的学习生活，损害孩子的身心健康，还会祸及家庭，危害社会。随着时代的发展，黄赌毒变得更加隐秘。2022年，央视"3·15"晚会曝光了广东省惠州市部分小学校园周边的文具店、小卖店以卖抽奖玩具为名进行"变相赌博"，孩子们乐此不疲，有些孩子甚至还去偷拿家长的钱，很多家长都没有察觉到这一事件的危害性。在采访中，很多孩子表示自己只是在参与一个游戏，至于这个游戏是不是赌博、对他们有什么影响，他们一概不知。由此可以看出，赌博正在变相影响孩子的发展。

那么，我们应该如何引导孩子远离黄赌毒呢？

★ **作好表率，营造良好的家庭环境**。据调查，如果家庭环境中父母经常赌博，打麻将或玩扑克的筹码较大，那么孩子染上赌博恶习的概率就会很大。作为父母，我们要洁身自好，树立健康生活观，不涉足黄赌毒；要关心尊重孩子，工作再忙，也要定期与孩子交流，了解孩子的学习、交友等情况，还要尊重孩子健康的兴趣爱好，与他们建立平等的、相互信赖的亲子关系，创设一个文明、温馨的家庭环境。

★ **适时教育引导，增强孩子拒绝黄赌毒的免疫力**。小学生缺乏明确的是非观，分辨黄赌毒及其危害的能力还不足，尤其是在网络时代，很多孩子在玩手机的时候不经意间就会点开不健康的网页。因此，我们要强化教育引导，让孩子清晰地认识到黄赌毒的危害。例如，可以用《今日说法》等电视栏目、网络以及身边的因涉黄赌毒而引发的血案，让孩子了解黄赌毒的巨大危害，增强孩子抵制黄赌毒的意识和法治观念，不吸烟，不喝酒，不赶时髦，不进网吧和娱乐场所，不追求刺激，提高自我控制能力。同时引导孩子结交好友、益友，文明上网，远离不健康的书籍和报刊等。

★ **引导孩子多参与有意义的活动**。我们可以带领孩子参加户外活动和体育运动，担任社会公益活动的志愿者，鼓励和支持孩子发展演讲、音乐、绘画等兴趣爱好，让孩子在空闲时间有更多的选择。只有心中有"正事"才能杜绝黄赌毒的诱惑。同时，一旦发现孩子涉足黄赌毒，我们必须坚决制止，并采取补救措施，如吸毒上瘾就要将其送到戒毒所等。

8 怎样引导孩子克服怯懦

调查发现,有不少五、六年级的孩子胆小懦弱、自卑敏感、遇事退缩不前、易逆来顺受和屈从他人。这种怯懦性格对孩子的正常学习、人际交往和长远发展非常不利,我们要高度重视。

那么,我们应该怎样引导孩子克服怯懦呢?

★ **接纳孩子,助其树立信心。**不少青少年和成年人都不同程度地存在怯懦这一性格特点,我们要放平心态,接纳孩子的怯懦性格,不要对孩子有超过其当前能力的期望值,不要要求严苛,不要用家长的身份去压制孩子,更不能在孩子犯错后对其当众斥责甚至拳脚相加。我们要多与孩子平和地交流,体察安抚孩子的情绪,让孩子感受到来自父母的爱与鼓励,给孩子提供足够的安全感,增强孩子克服怯懦的信心和底气。

★ **鼓励孩子增强自信**。对于怯懦的孩子,我们要因人施策。如果孩子易逆来顺受和屈从他人、忍受他人过分或无理的要求,我们就要引导孩子确立自己的底线,向不合理的要求说"不",鼓励孩子"学会拒绝",做一个独立自主的人。如果孩子遇事退缩不前,我们就要循序渐进地为其设立一些小目标,让他在不断挑战自我的过程中树立遇到困难勇往直前的毅力和信心。如果孩子胆小自卑,我们可以鼓励孩子参加武术班、辩论赛等,给孩子更多锻炼和展示自我的机会,使其逐步消除紧张与怯懦,成为内心强大的自己。在这个过程中,我们要用"放大镜"去找寻孩子的进步,用表扬、肯定助力孩子成长,以发展的眼光看待孩子,让孩子增强自信,克服畏惧、胆怯心理。当然,人生难免会遇到失败和挫折,这时我们要给予孩子安慰,鼓励孩子越挫越勇。

★ **借助外力促进孩子成长**。面对怯懦的孩子,我们可以寻求老师的协助,鼓励孩子扩大社交圈,多与开朗活泼的同学交往。也可以借助社区力量,鼓励并带领孩子利用周末或寒暑假,积极参加力所能及的社区公益活动。让家庭、学校、社区形成合力,锻炼孩子的胆识,给孩子提供良好的社交平台,培养孩子的抗挫折能力,促进孩子健康成长。

9 如何培养孩子积极乐观的健康心态

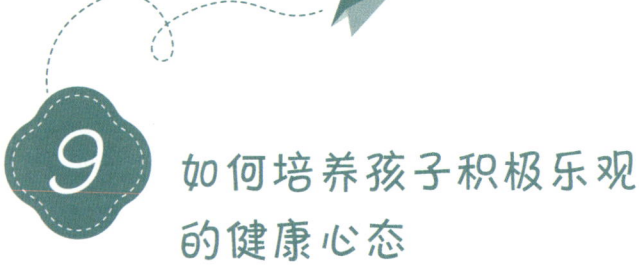

当前社会竞争加剧,人们的社会压力增大、不确定性增强。这种社会焦虑也开始影响到一些孩子,他们容易陷入消极状态,表现出忧心忡忡、焦虑不安,甚至狂躁、抑郁,对学习、生活失去动力和信心。保持积极乐观的健康心态,既是孩子良好心理承受能力的体现,也是孩子积极主动学习和应对生活难题的重要保障。因此,我们不仅要让孩子吃饱、穿暖,更要引导孩子保持积极乐观的心态。

那么,我们应该如何培养孩子积极乐观的健康心态呢?

★ **营造良好的家庭氛围**。积极乐观心态的基石是良好的安全感,家庭是孩子安全感的最重要来源,我们要为孩子营造一个和谐的家庭氛围。例如,一家人共进晚餐后,可以和孩子聊聊社会新闻、国家大事或生活琐事,交流各自的看法,放松身心,丰富心灵;在家庭成员的特别日子里可以营造一定的家庭仪式感,如庆祝生日时,一起吃蛋糕,拍全家福,记录家庭生活的温馨画面,享受当下的岁月静好。坚实的情感纽带与和谐美满的家庭氛围会给予孩子强烈的安全感,激发其形成乐观向上的心态。

★ **做积极乐观心态的榜样。** 父母的稳定情绪和乐观态度有助于孩子养成良好的心态。我们在面对自身或家庭难题时,要尽量做到主动冷静地应对,理性分析并思考可行的解决方法,合理有效地纾解不良情绪。在处理问题的过程中,不必回避孩子,而是尽量与孩子交流大家的看法和可以采取的措施,让孩子在潜移默化中感受、理解、树立积极乐观的心态,学习处理问题的方法。

★ **鼓励孩子主动"走出去"。** 积极乐观的心态也需要广阔的社会见识与人际交往来塑造。我们要有意识地引导孩子培养兴趣爱好、参加校内外感兴趣的比赛活动,以拓展人际交往,学会与人相处,提升沟通能力,体验成功,增强自信心。我们还可以引导孩子走进社区、社会,参加一些力所能及的公益活动,鼓励孩子直面问题并思考解决问题的办法,逐渐形成自己的主张和处事能力,塑造独立的性格,增强社会认同感和社会见识,让孩子以更加积极乐观的态度去迎接生活和学习中的各种挑战。

10 怎样教会孩子对朋友说"不"

父母都希望自己的孩子能够养成慷慨大方的美德。但在现实生活中,我们不可能满足所有人的要求,学会拒绝是人际交往的重要法则。让孩子在成长过程中学会说"不",不仅是自我保护的一种方法,也是一种与人交往的处事技巧。教会孩子学会说"不"是每一位家长不得不做的功课。

那么,我们应该怎样教会孩子对朋友说"不"呢?

★ **确立交往底线,让孩子知道说"不"**。我们要让孩子明白人与人之间交往是有底线的,在遇到下列三种情况时必须说"不":一是当他人的要求违背自己为人处世的原则或

违反道德、法律的时候,如要求考试帮忙作弊、一起逃学去玩、打群架等。二是当别人的要求超出自己能力范围时,如借数额较大的钱。三是当别人的要求和自己的意愿或计划产生严重冲突时,如朋友一定要用自己都舍不得用的东西。

★ **营造民主氛围,让孩子敢于说"不"**。十一二岁的孩子已经有自己的主见了,我们要尊重孩子的意见,允许、鼓励孩子大胆表达自己的意愿和想法,并采纳其合理的主张,也要允许孩子否定我们不恰当的想法和做法。同时,要通过换位思考等方式,让孩子明白,拒绝别人是很正常的事。这样既能培养孩子独立思考的能力,增强孩子的自信心,又能让孩子敢于表达自己的意愿,学会拒绝他人的不合理要求。当孩子鼓起勇气拒绝了别人的不合理要求时,我们一定要及时肯定并支持他的做法,并给予表扬甚至奖励。

★ **学习拒绝技巧,让孩子善于说"不"**。对胆小的孩子,我们可以在家里通过场景模拟、情景演练等方法,增强他们说"不"的勇气和技巧。我们要教导孩子先听完别人提出的要求后再决定是否说"不",否则,会被对方误认为你在敷衍他。对违反原则或道德、法律的要求,无论对方是谁,建议多么诱惑,都必须坚决拒绝,没有妥协的余地;对于超出自己能力范围的事,要明确拒绝,并说明理由;对和自己的意愿或者计划产生严重冲突的事,要用"我再考虑考虑""我等几天再跟你说"等委婉且有礼貌的语言来拒绝。

11 如何引导孩子的面子观

近年来,新闻经常报道,一些孩子为了争"榜一",向主播狂刷礼物;一些孩子为了在游戏中争"高低",不断往游戏里充值,甚至偷拿长辈的钱,直到被发现时,孩子依然认识不到自己的错误。

十一二岁孩子的自我意识和自尊心进一步增强,他们开始在意别人对自己的评价,"面子"观念也开始显现。但一些孩子太把面子当回事,过于看重他人对自己的看法与评价,这是孩子虚荣甚至自卑的表现。对此,我们要高度重视。

那么,我们应该如何引导孩子的面子观呢?

★ **学会给孩子留"面子",接纳他们的不完美**。当孩子犯错后,我们不要当众批评、责备、训斥、打骂孩子,也不要在外人面前对他们的隐私和往事品头论足,更不要嘲笑挖苦孩子或者说"你看别人考了这么高的分"之类的打击孩子的话。我们可以私下与孩子单独交流,尊重孩子的自尊心和人格。不管孩子遇到什么事,我们都要给孩子台阶下,让孩子感觉到自己的尊严是被我们保护的,只有这样,他们才会更接受我们以及我们的教育。否则,我们自认为的"教育孩子"很可能是在践踏孩子的自尊心,这对孩子的伤害是无法想象的。时间长了,还可能使孩子变得自卑。

★ **引导孩子正视自己,放平心态**。我们要引导孩子不要过分高估自己,不要过于看重结果,而是要更多关注过程中的收获,与同学的攀比要适度。我们自己也不要太过于争强好胜,不要经常拿孩子进行攀比,不能给孩子施加太多压力。必要时,也可以适当让孩子"丢丢脸",增强孩子的抗压能力,使孩子坦然接受挫折,用平和的心态去面对每一件事情。但不要溺爱孩子,满足孩子的基本需求即可,不要满足孩子过分的物质要求。

12 怎样才能让孩子理解父母的良苦用心

在日常生活中,一些家长对孩子的事喜欢大包大揽,想把最好的都给他们;在孩子遇到困难时,再苦再难也要义无反顾地挡在孩子前面。我们希望孩子能慢慢理解我们的良苦用心,关心父母,增强家庭责任感,可是一些孩子习惯了享受父母的付出,甚至将其视为理所当然,乃至当自己的愿望、要求没有被满足时,还心生抱怨。这对孩子的健康成长和家庭和睦非常不利。

那么,我们怎样才能让孩子理解父母的良苦用心呢?

★ **量力而行,适当放手**。我们不要对孩子有求必应,什么事情都往自己身上揽。一方面,不要认为别人家孩子有的,我家孩子也该有,而是要量力而行,根据家庭的财力、能力,满足孩子的合理要求。另一方面,要适当放手,让孩子自己去面对生活,完成好自己的事情,如自己整理房间、清洗衣物,做自己力所能及的事。这样既能培养孩子的自理能力，又有助于孩子真实地感受父母的艰辛，学会关心、体谅父母，对父母的付出心存感恩之情。

★ **适度示弱，学会体谅**。我们不要把自己当成超人，也不要怕自己的脆弱被孩子看到。十一二岁的孩子有一定的社会经历和道德感，已经是"小大人"了，也应该关注家庭和父母了。做饭时，不妨叫孩子来洗菜、准备碗筷；疲惫时，不妨让孩子来捶捶背、倒杯热水；生病时，不妨让孩子来尝试照顾自己，然后不忘发自内心地感谢他们，告诉孩子有他真好。这样一来，孩子不但能感受到我们对他们的关怀之情，更能明白我们并不是无所不能的"超人"，进而去学着体谅和照顾父母。

★ **言传身教，榜样示范**。我们要用希望孩子对待自己的方式去对待父母。在保障父母的物质生活需要之外，我们要多关心父母的精神需求，多给父母亲情慰藉。在百忙之中多抽出时间带着家人和孩子常回家看看，和父母说说话，帮父母做一些事情。两代人思想观念不同，话题也不一样，我们要耐心听老人诉说，心平气和地和老人说话。父母生病时，要及时带他们去医院治疗。久而久之，孩子也会像我们对待父母那样对待我们。

★ **设计活动，身体力行。**根据家庭情况，我们可以设计相关活动，让孩子在活动中体会到父母的不易。

活动一：为家人做早餐。规定一个月或一周一次的"父母休息日"，前一天晚上父母可以点好自己喜欢的早餐，或者和孩子商量好吃什么，第二天早上由孩子为父母准备。这样既可以锻炼孩子的动手能力，又能让孩子切实地感受到生活的滋味，还能促进亲子之间的感情。

活动二：团圆饭我帮忙。孩子已经小学高年级了，完全可以参与操办家中的团圆饭。全家一起商定一份菜单，然后由孩子进行分工安排，一起采购，一起烹饪。

活动三：今日我当家。请孩子做一天的小当家，安排一日三餐及家庭的其他活动，让孩子深切地体会一个家庭日常事务的繁杂和父母的不易。

身体素质

13 怎样和处于青春期的儿子说好"悄悄话"

多数男孩在 11 岁左右开始出现变声、长胡须、易冲动、情绪起伏较大、和母亲疏离等现象。这时,我们就要意识到:儿子开始进入青春期了!

青春期男孩处于"自我发展期""自我意识成长期"。他们的独立意识开始增强,注意力开始从外界转向自我,不喜欢听家人的安排,喜欢参与冒险活动,体现自我价值。他们的情绪开始让人捉摸不透,敏感时还会具有攻击性。曾经大大咧咧的他们开始在意别人的评价,特别想得到家人和外界的认可,以证明自己的成长。同时,他们的身体也在发育:睾丸增大,阴囊皮肤皱褶增加、色素加深,阴茎增长、增粗,阴毛、腋毛、胡须生长,声音变得低沉,肌肉量增加,皮下脂肪减少等。对此,我们千万不能掉以轻心,要关注孩子的生理、心理发育情况,特别要关注身心发育给他们带来的困扰。

作为新时代的家长（特别是父亲），我们应该怎样和处于青春期的儿子说好"悄悄话"呢？

★ **抓住时机了解孩子的青春期变化。** 我们要用心捕捉孩子变声、长胡须、遗精等青春期来临的信息，并祝贺孩子的成长，明确告诉孩子：这是身体成长的正常现象，不要担心，更不要恐慌。

★ **引导孩子正确认识自己的身体变化。** 我们可以购买介绍青春期男孩身心发育方面的书籍，通过放到孩子房间让其自己阅读或亲子阅读（最好是父亲）等方式，向孩子科普男孩青春期生理知识，让孩子了解男性生殖系统的结构和功能以及遗精等生理现象，使其在阅读中提高对自己身体发育的科学认识，消除神秘感。

★ **引导孩子做好生理卫生。** 我们可以通过让孩子观看青春期教育短片（如《丁丁豆豆成长故事》）等方式，让孩子学会正确清洗生殖器官、挑选和穿着合适的内裤等方面的知识和方法，帮助孩子养成良好的生理卫生习惯。

14 怎样和处于青春期的女儿说好"悄悄话"

在日常生活中,我们经常发现,一些10岁左右的女孩有了烦心事不再主动和家长交流了,甚至活泼开朗的女孩有时也会沉默不语。这也许就是女孩子青春期来临的信号。

青春期是女孩"自我意识"成长的重要时期,她们的注意力开始从外界转向自我,情绪开始难以捉摸,心理上关注自我,特别重视自己的外貌和别人的评价。同时,她们在生理上开始出现明显区别于男孩的发育过程:出现嗓音细润、臀部变大、乳房增大以及月经来潮等。对此,我们千万不能掉以轻心,要关注她们的生理、心理发育情况,特别是生理发育给她们带来的困扰。

作为新时代的家长(特别是母亲),我们应该怎样和处于青春期的女儿说好"悄悄话"呢?

★ **抓住时机了解孩子的青春期变化。**我们要用心捕捉孩子胸部发育、月经来潮等青春期来临的信息,并大大方方地祝贺孩子成为"小大人"了,同时明确告诉孩子这是青春期女孩身体发育的正常现象,不要担心自卑,更不要恐慌。

★ **引导孩子认识自己的身体变化。**我们可以购买介绍青春期女孩身心发育的书籍,通过放到孩子房间让孩子自己看或亲子阅读(最好是母亲)等方式,向孩子科普青春期女生的生理知识,了解女性生殖系统的结构和功能以及月经等生理现象。通过引导孩子阅读正规的书籍,提高女儿对自身发育的科学认识,消除神秘感。

★ **引导孩子做好生理卫生。**我们可以让孩子观看青春期教育短片(如《丁丁豆豆成长故事》)等方式,让孩子学会正确清洗生殖器官、正确擦拭大小便、正确挑选和使用卫生巾、防治性疾病等方面的知识和方法,帮助孩子养成良好的生理卫生习惯。

15 怎样才能让孩子坚持体育锻炼

强健的身体是学习的本钱。调查发现,步入六年级后,越来越多的孩子即使知道自己的体质状况不佳,也不愿意多花时间锻炼身体。为什么呢?一是学习压力增大,无暇顾及锻炼;二是对锻炼身体的重要性认识不够,有时间也不愿去锻炼。

其实,每天坚持体育锻炼既可以提高身体机能,强健体魄,促进大脑发育,提高课堂专注力和学习效率,又有助于培养坚持到底、顽强拼搏的毅力和敢于挑战、乐观自信的优良品质。

那么,我们怎样才能让孩子坚持体育锻炼呢?

★ **协调体育锻炼时间**。每天的时间都是有限的,我们可以引导孩子协调好学习与体育锻炼的时间,尽量将活动时间安排在黄昏或晚上,每天坚持 40~60 分钟为宜。体育锻炼不宜安排在早晨,以免影响当天的听课质量。此外,还可以教孩子管理时间的方法,督促孩子努力提高学习效率,合理规划体育锻炼时间,如提前列好每天的任务清单、利用好碎片时间等。如果我们有时间,可以陪孩子一起进行体育锻炼,起到相互鼓励、共促健康的作用。

★ **激发体育锻炼兴趣**。在日常生活中,我们可以带动和鼓励孩子多参与体育锻炼,不断丰富锻炼形式,如在小区跑步、跳绳,约好朋友一起踢球、滑冰,跟着网络直播跳操,参加骑行活动等。对于不喜欢运动的孩子,可以从简单的锻炼开始,如饭后散步,及时表扬并激励他参加体育活动,慢慢培养体育锻炼兴趣。

★ **培养体育锻炼习惯**。六年级的孩子往往缺乏参加体育锻炼的自觉性和毅力,我们应该坚持陪伴与鼓励,和孩子一起,根据身体情况和兴趣爱好制订适宜的运动计划,商量好每天锻炼的频率和时间,明确锻炼内容,定期"打卡",不定期监督总结执行情况,督促孩子养成主动锻炼的好习惯。

与孩子共同成长

5—6年级

生活技能

16 如何引导孩子参与社区实践活动

据调查,大多数孩子平时都是家庭和学校"两点一线",整日埋头读书,忙于应付大考小考,很少参与社区实践活动。这导致孩子们对社区实践活动不了解,没有亲身体验和直接感受。12岁左右的孩子已经有了较强的好奇心,有了探索的意识和能力,我们可以引导他们参与社区实践活动,锻炼他们与人沟通、交往的能力,认识社区这个身边的"小社会",培养服务他人的意识以及社会责任感和适应力。

那么,我们应该如何引导孩子参与社区实践活动呢?

★ **身体力行,为孩子做好榜样**。一项对家长的调查发现,只有23.2%的家长愿意参与社区实践活动。父母是孩子最好的榜样,如果家长不乐于参与其中,即使孩子耳濡目染,也很难对公益活动产生兴趣。因此,我们平时可以多带孩子到社区陪护老人、做志愿者、协助社区开展人口普查等,营造有担当、爱社区、爱家庭的良好氛围。这样可以调动孩子参与社区实践活动的热情和信心。

★ **充足准备,为孩子做好活动指导**。在引导孩子参与社区实践活动之前,我们要做好充足准备。例如,与孩子一起到社区了解近期需要协助的问题,让孩子选择自己感兴趣并有能力做的事情,安排好自己的时间,做好活动方案及安全预案;与孩子一起分析可能遇到的难题及应对方法,根据天气情况选择合适的衣服,准备好要使用的工具和材料等。必要时,我们还要与孩子一起行动,也可以让孩子约上小伙伴一起行动。

★ **适当总结,让孩子收获成就和快乐**。在孩子参与社区实践活动之后,我们应该就孩子在社区实践活动中的表现给予适当的、正向的总结,如可以用"你今天做的……真棒"等指向明确的话表扬孩子,让孩子收获快乐和肯定。对于孩子在活动中需要改进的行为,我们也应该明确说明原因并给予引导,而不能一味地批评,以免打击孩子继续参与活动的积极性。我们要在鼓励中提出完善的建议,为孩子后续参与活动积累更多经验。

17 如何引导孩子知法守法

据光明网报道，2022年7月18日，浙江湖州一名12岁男孩竟然开着父亲的越野车带妹妹在高速公路上狂奔100多公里。"熊孩子"的行为已经严重危及自身和他人的安全。十一二岁孩子的自我意识进一步增强，开始形成内化的行为准则，有一定的道德观念，但有时分不清是非。他们想摆脱家庭或学校的控制，但缺乏自我约束的能力。有的孩子还会出现故意破坏公共设施、随意横穿马路等违纪违规行为。

那么，我们应该如何引导孩子知法守法呢？

★ **让孩子了解与他们日常生活密切相关的法律法规。** 十一二岁的孩子难以意识到自身的不当行为会给自己和家长带来什么样的后果和代价，尤其是不少家长还在用"他还是个孩子"这样的话为其开脱罪责。让孩子了解行为的后果对预防孩子做出危险行为尤为重要。因此，我们要通过与孩子一起学习法律读本、观看法制节目等方式,让孩子了解与家庭生活、日常生活密切相关的法律法规,知道法律和行政法规、地方性法规禁止做的事和要求做的事。例如,在公共场所不能吵闹,过马路不能闯红灯,过马路要走人行横道,不能对火车、汽车、船只投掷石块,不得殴打、辱骂他人(包括自己的家人),等等。我们要让孩子明白哪些行为是违法违规的,哪些事情是不能做的以及做了以后有什么后果。

★ **把法治教育融入日常生活**。我们可以用日常生活中的具体实例,让孩子自然地理解法律法规的内容并自觉遵守。例如,举行"家庭法律常识小竞赛",与孩子一起成为法治宣传"志愿者",参与社区调解并讨论其法律法规依据等。我们要通过生活实例,让孩子潜移默化地理解法律法规的内容、作用及违纪违规的后果,增强法治观念,养成自觉遵纪守法的行为习惯。

★ **为孩子树立好榜样**。我们要带头遵纪守法,为孩子做好榜样。例如,自觉遵守交通法规,尊重孩子的隐私权,经过孩子允许后才能看他的日记等。我们要以良好的家庭传统和自身的榜样力量教育孩子遵纪守法。

18 如何培养孩子自律

进入六年级后,小东的学习任务明显增多了,但他的自律意识没有增强:早上,闹钟响了多次,才磨磨蹭蹭地起床;做作业的时候,趁妈妈不注意,把漫画书偷偷放在作业本下,一个小时过去了,才做了几道题,字迹也很潦草;一到周末,就缠着要打游戏、看电视,作业总要拖到周日晚上才做。妈妈十分着急,如果小东不尽快养成自律的习惯,该怎么应对初中的学习和挑战呢?

进入六年级后,孩子的学习任务明显增多,独立意识明显增强,叛逆心理开始出现,这时迫切需要孩子学会自律——即使没有父母监管、老师督促,也能主动约束自己,长期、持续地做好自己的事。正所谓越自律越优秀,越努力越幸运。短期来看,自律可以让孩子自主学习,增强学习主动性;长远来看,自律有助于孩子养成良好的生活和学习习惯,成就更好的自己。

那么,我们应该如何培养孩子自律呢?

★ **树立自律榜样**。要想培养孩子自律，我们自己应在日常生活小事中言传身教。例如，早晨尽量不睡懒觉，带着孩子早睡早起，和孩子一起做营养美味的早餐。适当休息后，可以带着孩子一同晨练，开启美好的一天。此外，还可以有意识地与孩子交流自己的每日规划，工作、家庭、独处时间等都要说明，且能分清轻重缓急，帮助孩子理解并学习生活中的时间管理技巧。我们要懂得以身作则，在以身示范中给孩子立规矩，让孩子在日常生活细节中增强自律意识和能力。

★ **挖掘自律动力**。一时的自律或许是兴起，长期的自律却需要持久的动力。除反复强调自律的重要性外，我们还要引导孩子明确自己的目标，并为实现目标持续努力。例如，与孩子一起商量制订合理的短期及中长期计划，让孩子逐渐学会自己管理和安排学习、休息时间，自己安排学习任务，赋予孩子学习选择权，激发孩子学习的主动性和自律的动力。这个过程需要我们适时适当地督促和指导。

★ **将自律变成习惯**。我们要发自内心地尊重孩子、认可孩子、信任孩子，并且给予他们支持与肯定。只要孩子实现了自己的小目标，我们就要通过明确的口头表扬、奖励小礼物等形式，表达对孩子的鼓励与支持，让孩子在成功的体验中强化自律性，加深对自律价值的认可，唤醒孩子强大的内驱力，让自律成为孩子的习惯。

19 如何引导孩子平衡学习与家务劳动

《童蒙须知》记载:"夫童蒙之学,始于衣服冠履,次及言语步趋,次及洒扫涓洁,次及读书写文字,及有杂细事宜,皆所当知。"家务劳动一直是我国家庭教育的主要内容,是培养孩子生活自理能力和家庭责任感的重要载体。

五、六年级的孩子处于升学关键期,学业压力增大,但我们仍要引导孩子兼顾好学习与家务劳动,这对孩子和家庭都大有益处。

那么,我们应该如何引导孩子平衡学习与家务劳动呢?

★ **更新观念,家务劳动有助于学习提升**。不少家长认为,对于五、六年级的孩子来说,学习和成绩才是最重要的,不想让孩子在家务上"浪费"时间。但实际上,常做家务的孩子更有条理、更守规则、更能自律,学习效率往往更高。家务劳动也有利于培养孩子的思维力、责任感、价值感。这不仅是孩子将来成功与幸福的重要基础,也是增强孩子学习动力的重要催化剂。

★ **规划时间,家务劳动与学习两不误**。在日常生活中,我们可以引导孩子学会规划时间,均衡家务劳动时间与学习时间。也可以与孩子商议制定"一周劳动学习计划表",每天学习之余,利用 10~20 分钟做一件家务劳动,劳动内容依当天情况而定。例如,星期一至星期五,孩子每天可以做摆放和收拾餐具,洗碗,整理书桌、书柜等简单的家务劳动;周末可以让孩子和我们一起做一些复杂的家务劳动,如打扫家里的卫生、做一道家常菜等。

★ **激励引导,让孩子充分体验快乐与信任**。当孩子家务劳动做得不到位时,我们不能简单说:"你自己想办法吧!"更不能用"这么简单的事都做不好!"之类的话来斥责。而是要适时将操作要领、方法及技巧教给孩子,并给予孩子适当的鼓励和表扬,让孩子在家务劳动中感受到快乐和信任。例如,孩子开始洗碗时,有时会洗不干净,这时我们要耐心地教孩子洗碗要领;当孩子洗碗有进步时,我们要及时表扬鼓励,让孩子在"洗碗"这类简单的家务劳动中就能体验成功、快乐以及信任。

20 怎样培养孩子的动手实践能力

人有两件宝，双手和大脑。双手会创造，大脑会思考。科学研究发现，当手指做简单活动时，脑血流量比手指不动时增加10%；当手指做复杂、精巧动作时，脑血流量会增加35%以上。脑血流量增加，有助于孩子思维发展。现在很多家长都忽略了动手实践对孩子成长的巨大作用。

那么，我们怎样才能培养孩子的动手实践能力呢？

★ **给予孩子更多动手实践机会。** 我们对孩子的期望不能只是成绩好和读"好"学校，不能包办孩子学习之外的所有事，把孩子培养成"巨婴"。五、六年级的孩子已有较强的动手意识和能力，我们不要怕孩子吃"苦"，要放弃"为孩子做事"的冲动，尝试做一个不太"能干"的父母，舍得让孩子去锻炼，放手让孩子做一些力所能及的事。这能提高孩子的学习效率和自理能力，增强孩子的自信心。

★ **指导孩子提升动手实践能力。**"双减"政策实施后,学生可以自主安排的时间相对增多,这正是提升孩子动手实践能力的好时机。我们可以让孩子每天利用空闲时间做洗碗、扫地等简单的家务活动,也可以让孩子在周末整理房间、清理灶台、做一道家常菜等较复杂的家务活动;可以让孩子根据自己的爱好种花草、做手工等,也可以让孩子参加社区公益活动和实践活动、做简单的社会调查等。同时,还要配合老师,指导孩子做好家庭或社会实践活动。

★ **陪伴和见证孩子成长。**孩子在动手做的过程中,我们不要干预;孩子做得没有达到要求时,我们千万不要指责。我们要增强孩子的安全意识,做好安全保护,陪着孩子一起做。当孩子遇到挫折时,应给予关怀、指导和帮助,激励孩子坚持下去;当孩子动手实践有进步时,要及时给予鼓励和表扬,让孩子体会到动手实践带来的自信和自豪。

与孩子共同成长

5—6年级

21 怎样正确认识孩子"超前学习"

"超前学习"是家长们最关注的热门话题之一。一些家长认为,"超前学习"能让孩子提前学习学科知识,增强孩子的学习自信心。也许就是这些"好处"让家长们迫不及待地带着孩子赶在学校正常教学进度前进入"超前学习"的浪潮中。其实,学生适度进行学科知识的预习是必要的,但长期让孩子处于"超前学习"状态的弊端日渐显现:一些孩子视力下降,体质变差;一些孩子持续学习动力不足,对外界的依赖性强;一些孩子不重视课堂学习;还有一些孩子因个性被扼杀、没有生活乐趣而出现心理健康问题……

其实,我们不必过于重视学科学习和考试分数,而是要让孩子在合适的年龄做合适的事情,在自然状态下成长,这样孩子的人生之路才会走得轻松、愉悦,孩子的未来才会更可期待。因此,如果孩子在学好课堂知识的同时仍学有余力,我们不妨鼓励他们学习更多知识,全面发展。

那么,我们怎样促进孩子全面发展呢?

★ **劳动本领来傍身**。我们可以将自己的家务绝活传给孩子，教会他们做几样拿手好菜，教会他们洗衣叠衣、整理房间，教会他们料理好自己的日常生活；还可以带着孩子积极参与社区公益活动。这样不仅可以增加孩子的生活自理能力，让孩子学会承担责任，还能提升学习效率，营造和谐的家庭氛围。

★ **艺术才能来修身**。我们要善于发现孩子的艺术兴趣，鼓励孩子按照自己的兴趣学习一门艺术特长，支持孩子在社区和学校的公益活动中展现才艺。这不仅能舒缓孩子的学习压力，使其树立积极健康的心态，还能让孩子焕发自信与活力，感受生活乐趣。

★ **运动技能来健身**。健康体魄是孩子成长的重要基础，我们要鼓励孩子学会1~2项运动技能，如足球、乒乓球、羽毛球、游泳、跆拳道等，养成良好的运动习惯。经常参加体育运动，不仅可以促进身体的生长发育，增进健康，提高身体各器官、系统的机能水平，还能有效缓解学习压力和焦虑情绪，提高学习效率。

★ **自然魅力来悟"生"**。我们要尽量抽时间和孩子一起去爬爬山，看看日出日落；一起去小溪戏水，与鱼虾为伴……让大自然开阔孩子的胸襟，滋养孩子的心灵，让孩子通过自然魅力感受生机。

22 怎样帮助孩子缓解学习焦虑

经济合作与发展组织（以下简称经合组织）公布的《2015年国际学生评估项目结果（第3卷）：学生身心健康》数据显示，在经合组织国家中，约59%的学生表示他们经常担心考试难度大，约66%的学生表示他们会受到成绩不佳所带来的压力影响；约55%的学生表示，即使他们做好了准备，仍然会对考试感到焦虑。其实，这些现象在我国小学高年级段也比较普遍。

孩子进入五年级后，学习内容难度增加，不少家长和学生开始为进入"心仪"的初中学校做准备，孩子的学习压力明显加大。同时，孩子开始进入青春期，心理状况容易受到外界影响，学业焦虑现象较为明显，部分学生甚至还出现了课堂中"谨小慎微"、考试前"惶恐不安"、谈学习成绩"色变"等高度学业焦虑现象。适度的学习焦虑是必要的，但长期处于高度学习焦虑状态会使学生对考试怀有恐惧心理，过高的焦虑水平会影响正常的学习活动。

那么,我们应该怎样帮助孩子缓解学习焦虑呢?

★ **做心平气和的父母**。我们要客观认识孩子,对孩子保持合理期望。焦虑是梦想与行动之间的差距或期望值与能力值之间差距的表现。适度焦虑是正常反应,但不能过度焦虑,否则会在无形中增加孩子的压力。性格内向、不喜交流、内心敏感、缺乏自信的孩子更易焦虑。要想降低孩子的焦虑水平,我们就得读懂孩子,平衡对孩子的期望值,同时要了解孩子的性格,关照孩子的内心感受,并意识到学习和成长是孩子自己的事,我们要尊重孩子的性格和兴趣,顺势引导。

★ **营造宽松的家庭氛围**。好的家庭环境对孩子的个性发展、自我认识、"三观"塑造、身心健康等方面有着极其重要的影响。为缓解孩子的焦虑,我们不仅要引导孩子在行为上做出调整与改变,还要营造一个安全、温暖、自由的家庭环境,增强孩子的安全感、抗压能力等,促使孩子在宽松的家庭氛围中找到适合自己的方法与路径。例如,我们可以在日常生活中对孩子多一些爱的表达,多一些微笑、鼓励、关心、交流,这些都会对孩子产生积极影响。在孩子焦虑时,我们要保持稳定的情绪,认真听孩子倾诉,善于接纳和引导孩子的不良情绪。

★ **适度帮助和指导孩子**。在学习中,快乐与艰辛并存,孩子在学习过程中遇到困难在所难免。对此,我们可以借助典型案例让孩子不急不躁、不悲不焦,及时给予孩子心理疏导,以降低孩子的压力。同时,要多与孩子一起发掘自我优势,增加自信,增强自我认同感,形成自我发展的动力,增强抗挫折能力,提升学习效率与成就感,形成良性循环。

23 如何与孩子一起做好成长规划

孩子的成长之路是一条通向他们未来的路。合理规划一条适合孩子成长的路,可以激发孩子的学习动力,明确孩子奋斗的目标和方向,这在小学高年段尤为重要。在规划孩子的成长之路时,一些家长往往不自觉地用自己的经验、阅历来代替孩子的思考,决定孩子的人生轨迹,想让孩子实现自己没有实现的梦想,其结果往往会引发孩子的逆反心理,让孩子觉得读书没有乐趣,甚至加剧家庭矛盾。

那么,我们应该如何与孩子一起做好成长规划呢?

★ **了解孩子的个性特点,有的放矢。**规划不是控制,我们引导孩子做成长规划,不是控制孩子的未来,而是根据孩子自身的条件做规划。这就要求我们必须了解自己孩子的身心基础、智能结构、思维方式等方面的特点,设定适合的目标,给孩子讲清楚不同发展方向的利弊,尊重孩子的选择和决定,顺应其天性,不要做过多的干涉。

★ **尊重孩子的情感兴趣，设立目标。**在设立孩子的成长目标时，我们要把孩子的兴趣爱好、情感寄托、幸福感、能力值等考虑进去，然后根据孩子的实际发展，与孩子一起商量决定。同时要特别注意考虑三个问题：孩子的兴趣爱好是什么？孩子要实现成长目标应该具备什么样的品质和能力？我们能给孩子提供哪些支持和帮助？

★ **培养孩子的良好习惯，达成目标。**再好的目标，也需要经过长期的努力才会实现。我们不能认为目标确定了就万事大吉，可以不闻不问了。这时候更关键的是要与孩子做好约定，引导孩子把目标拆分到具体的事情上，并督促孩子长期坚持，进一步激发孩子持续努力的动力。有些孩子在开始阶段还愿意遵守约定，但是过了一段时间后就不想坚持了。这时候，我们要提醒、鼓励孩子，让孩子感受到坚持的价值和达成目标的喜悦，逐渐形成努力拼搏、坚持不懈的良好习惯。

★ **制订家庭成长计划，巩固目标。**孩子的成长离不开父母和家庭的引导。我们可以通过家庭会议等方式，商讨家庭和家庭成员的年度发展目标和阶段目标，适时总结，营造积极进取的家庭氛围，并以此激励、促进孩子达成规划目标。

24 如何引导孩子理解衣着仪表之美

俗话说:"三分靠长相,七分靠打扮。"小学高年段的孩子已经进入青春期,开始关注自己的穿着打扮和仪容仪表,希望用良好的外在形象展示自己对美的向往和追求。但他们对美的认识还处在朦胧时期,对如何用衣着仪表展示自己并不清楚。有些孩子为追求个性夸张打扮,甚至以仪表邋遢为荣,闹出了不少笑话。

其实,衣着仪表是与人交往的重要内容之一,青春期的孩子更加注重与同伴的关系,在意自己在群体中的位置,穿衣打扮也是他们融入群体的一部分。衣着仪表也是孩子对"我长大了"的表达,他们是自己舞台的主角,希望自己是独特的,衣着仪表是表达内心的一种方式。因此,孩子对美的这种追求,我们应该给予认可,只是方式上需要加以引导。

那么,我们应该如何引导孩子理解衣着仪表之美呢?

★ **树立"美"的观念。**我们要引导孩子衣着干净、大方、朴素、美观,做到衣物勤洗、勤换、勤整理。根据不同场合选择合适的衣服。例如,跟爸爸妈妈一起去逛街、去游乐园、到朋友家做客时,穿生活服;去跑步、跳绳、打球时,穿运动服;在学校时,穿校服或符合学校规定的服装。外出时,要做到帽子戴端正,纽扣系好,拉链拉上,袜子和鞋子穿贴切,鞋带系紧。我们要让孩子通过适合身份和场合的服装来展现外表形象的"美"。同时,我们也要做好穿着得体的榜样与示范。

★ **引导"美"的鉴赏。**我们在给孩子买衣服时,尽量与孩子一起逛商场,鼓励孩子说出自己喜欢的衣服样式、颜色等。对于孩子提出的不恰当想法,我们先不要急着否定,要尽可能理解和尊重孩子的意见。在挑选衣服的过程中,慢慢引导孩子根据自己的个性特点,选择和搭配自己的衣服样式、颜色等。衣服的样式不要太复杂,装饰也不要过多,简洁自然更能体现出一个人的品位。同时要引导孩子量力而行,不要与他人攀比、过度追求品牌。孩子正处在身体发育阶段,衣服尺寸要合适,不能妨碍孩子身体发育。

★ **懂得"美"的内涵。**我们要引导孩子多欣赏文学、艺术作品，通过听音乐会、看舞台剧和电视节目，不断增强审美判断力。我们要逐步让孩子懂得：人的"美"不在于外在的衣服有多贵、品牌有多好，而在于本人是否具备良好的内涵与修养，是否能够穿出衣服的独特气质。在日常生活中，我们要引导孩子把更多的心思放到内在修养上，将内外兼修的人作为孩子的"偶像"和学习榜样，让孩子明白真正的美来自人的内在散发出来的独特魅力。

25 如何引导孩子阅读经典

调查发现,小学高年段学生在课余时间阅读经典的比例不到20%。为什么会这样呢?一是经典对孩子来说理解难度较大,离现实生活比较远,孩子不太愿意读;二是多数家长觉得"读经典没什么用""读经典不如多刷题,这样还有利于小升初"。

其实,阅读经典对孩子的成长是非常必要的。从短期来说,阅读经典既可以提高孩子的阅读理解能力,为各科学习打下良好的基础,又可以提高写作表达能力,为初中甚至以后的学习打下良好基础。从长远来看,阅读经典可以提高孩子的文学修养和人文气质,正所谓"腹有诗书气自华"。

★ **循序渐进地激发孩子的阅读兴趣。** 央视播放的《中国诗词大会》《典籍里的中国》《经典咏流传》等节目通俗易懂,很有吸引力,我们可以和孩子一起观看、讨论,激发孩子对诗词经典的兴趣。孩子有了兴趣后,我们可以跟孩子商量,买一些语言浅显、生动的经典书籍,如《千家诗》《唐诗三百首》《宋词三百首》等，然后和孩子一起遵循由浅入深、由易到难的原则学习经典。学习时可以先借助注释理解诗词大意，再熟读成诵，最好每天读背一首。

★ **把观看影视剧与阅读经典名著有机结合。**在假期或周末，我们可以让孩子观看《西游记》《三国演义》《水浒传》《红楼梦》等由经典名著改编而成的影视作品。孩子如果有兴趣，还可以去读原著。当然，我们不要贪多图快，更不要给孩子"下任务"。平时尽量多与孩子讨论经典书籍中有趣的人物、故事等，分享阅读体会，让家庭充满书香，拉近亲子关系。如果有条件，还可以邀请同学或同伴定期开展经典名著赏鉴会，并与社区、学校结合，开展经典诗词名篇朗诵会，大家一起阅读吟诵，共同成长提高。

★ **古今中外有机融合。**名家名篇，不仅包括古代的，还有现代的；不仅有中国的，还有世界的。孩子不仅可以读《红岩》《小兵张嘎》《呼兰河传》《边城》《城南旧事》等现代文学作品，还可以读外国优秀儿童文学作品，如《鲁滨孙漂流记》《蓝色的海豚岛》《窗边的小豆豆》等，感受中外文化差异，体会文化多样性，拓宽国际视野。

★ **适当奖励，引导孩子把兴趣变成习惯。**刚开始时，我们可以通过适当的物质或精神奖励，鼓励孩子阅读经典诗词和名著，如适当增加自由时间、吃一顿大餐等。孩子有了浓厚的兴趣后，我们可以通过与孩子一起制订自主阅读计划、学习完成情况评价表等方式，激励孩子自主阅读并检验阅读成效，把阅读兴趣变成自觉的阅读习惯。

26 怎样与孩子进行一次有意义的旅行

"终于放暑假了,今年咱家去哪玩儿啊?我们能去海边吗?我还想去登山,想自己露营呢!爸爸妈妈,可以吗?"刚参加完小学毕业典礼,小林便一路兴奋地跑回家,一连串的问题可把小林的父母问住了。

"登山有点危险。""自己露营也有些麻烦,还是等我们大人商量好了再说吧。"听着父母的否定,小林有些沮丧……

和小林一样,假期旅行是这个年龄的孩子最期待的事情之一。旅行是孩子直观感受世界和认知世界的最佳方式,现已成为许多家庭的休闲娱乐项目之一,但大部分时候,家庭旅行都由父母主导,孩子主动参与的少,得到的锻炼机会也不多。要想让旅行更有意义,我们要充分相信孩子,让孩子参与制订旅行计划,成为旅行活动的共同策划者和组织者。这样不仅可以提高孩子与家人沟通、协商的能力,让孩子感受到长辈对他们的尊重和关爱,增强家庭责任感,而且可以增进家庭成员之间相互理解,营造平等和谐的家庭氛围。

那么,我们应该怎样与孩子进行一次有意义的旅行呢?

★ **和孩子一起制定旅行攻略。**我们可以和孩子一起采用列表格等方式,根据出行时间和经费预算,安排好时间、地点、游玩项目及景点、经费支出等。全家人共同商量,分配任务,鼓励孩子选择自己最擅长的工作,如记账、查询路线、记录旅行感受、整理旅行图,以及查阅目的地的地理位置、自然及人文景观、历史文化、风土人情、名人轶事、名言警句等并做解说员。同时,我们也要注意示范引导,不能到景区就只顾吃喝玩乐、拍照打卡。

★ **和孩子一起做好出游准备。**一家人一起阅读与旅行目的地相关的书籍，列出行李物品清单。同时充分考虑天气、安全、当地民俗，携带必备的衣物、雨具、药品等，并分类整理。尽量让孩子自行整理收纳自己的出行物品，同时要教孩子认识基本的药品使用方法，如突然感冒、中暑可以吃什么药，擦伤、扭伤要用哪些方法处理等；还要让孩子学习一些应急处理办法，如自己和家人走散了应该如何应对等。

★ **记录旅行收获。**我们可以和孩子一起设计一张旅程记录卡，写一写令人印象深刻的事、了解到的历史文化知识或有趣的风土人情，画一画自己最感兴趣的建筑或风景，记一记自己的旅行感悟。如果有条件，还可以让孩子拍摄旅行过程中遇到的有价值的人、事、景等。回家后让孩子整理这些素材，制作成电子版旅行记录，并分享给自己的同伴或其他家庭成员，让旅行更有意义。

行为习惯

27 怎么引导孩子关心"家事国事天下事"

十一二岁的孩子正处于升学的关键时期,家长很多时候只关注学生的学习,不让孩子插手其他事情;孩子在空闲时间主要是休息或玩游戏,很少关注、关心身边的事情。实际上,这个年龄段也是培养孩子责任心的关键时期。古人云:"家事国事天下事,事事关心。"这就是需要我们从身边的家事、社会事入手,引导孩子了解国事、天下事,逐步培养孩子的家庭责任感和社会责任感,以免孩子成为一个对社会无责任感的人。

那么,我们怎样才能引导孩子关心"家事国事天下事"呢?

★ **经常召开家庭会议。** 我们可以定期召开家庭会议,大家平等交流,商量家庭日常事务,安排家庭日常消费,明确每个家庭成员的职责。还可以让孩子参与家庭劳动,做买菜、采购小件物品等力所能及的家务,增强孩子的家庭主人翁意识和责任感。

★ **带领孩子积极参与社会实践。**我们可以引导孩子关注自己所在小区和社会中存在的问题,带领孩子参加他们力所能及的公益活动。还可以和孩子一起梳理分析高空抛物、老年人活动空间不足等邻居关注的热点问题,积极建言献策,向小区物业管理中心、社区服务中心等相关机构和部门反映意见,培养孩子关注自己身边人、身边事的意识和责任心。

★ **时常和孩子一起观看新闻节目。**我们可以和孩子一起观看《新闻联播》《朝闻天下》等新闻类或法治类节目,了解党和国家的重要会议、重要政策及重要事件,如全国人民代表大会的召开、各种法律法规的颁布等。看节目时还可以和孩子展开讨论,增强孩子对社会时事的兴趣和思考,帮助孩子逐步树立勤奋学习、服务国家和社会大众的信念与目标。

28 如何引导孩子与自己喜欢的同龄异性交往

十一二岁的孩子有了比较明确的性别意识,可能会对同一年龄段的异性产生好感。有的孩子还会因为自己喜欢的异性不和自己说话而闷闷不乐;有的孩子跟自己喜欢的异性走得很近;有的孩子又因为自己有了喜欢的异性而内心惆怅,不知如何是好……这些都是孩子身心和情感发育的正常现象,我们不必为此大惊小怪或惊慌失措。当我们发现孩子有喜欢的异性时,要本着尊重、理解的态度,与他们多沟通交流,既不压制又不放纵,引导他们顺利渡过这个时期并走向成熟。

那么,我们应该如何引导孩子与自己喜欢的同龄异性交往呢?

★ **正确对待异性好感期。**小学高年段的孩子开始进入异性好感期,他们开始对异性产生好奇,并试探着跟同龄异性交往,这是孩子身心发育到一定阶段后的正常现象。我们可以引导孩子先做好自己,让自己足够优秀,只有这样才会得到更多人的认可。同时要告诉孩子不可能所有人都会喜欢你,因为人的性格、认知水平、对事物的理解是不同的。

即使孩子和自己喜欢的异性走得近,他们大多也只是互相欣赏、互相认同,我们不要为此大惊小怪或惊慌失措,先入为主地给孩子贴上"早恋"的标签。我们可以暗中观察,在不经意间关心一下,让孩子觉得这是一件很平常的事,久而久之,当孩子平稳渡过这个时期后,这种感情就不会影响孩子的学习和生活了。

我们可以准备一些适合青春期孩子看的书籍或视频,也可以将自己青春期的事情坦然地讲给孩子听,借此让孩子对"情感萌芽"有正确的认识。同时深入了解青春期孩子的心理状态,及时为孩子做好心理疏导,让孩子的身心得到良好的发展,为孩子成年后形成健康的婚恋观打下基础。

★ **明确异性交往的界限。**十一二岁的孩子已有较强的自尊心,切忌不分青红皂白地指责训斥,这样会把孩子逼到我们的对立面,之后孩子要么会过分地压抑自己的感情,要么会偷偷任由感情肆意发展。这对孩子和家庭来说都是非常有害的。

我们要理解并尊重孩子的感情,主动亲近孩子,鼓励孩子倾诉心声。在了解孩子的真实想法后,我们要站在孩子的立场上,告诉孩子可以和异性正常交往,但应该有明确的边界:保持身体距离和行为,注意语言方面的尊重。例如,孩子外出聚会,不要直接阻止孩子参加聚会,而是告诉孩子学会保护好自己和他人,晚上必须按时回家等。

★ **鼓励孩子广泛交友。**孩子进入异性好感期后,我们要鼓励孩子多结交同性和异性朋友,不要局限于与某个或少数异性同学交往。还可以允许孩子把同学带到家里,这样做不仅有利于和孩子建立信任关系,还可以了解孩子的交往圈子。孩子广泛交友,可以避免进入青春期后因异性的神秘感和对其强烈的好奇心而陷入早恋。

29 如何帮助孩子从"知道"变成"做到"

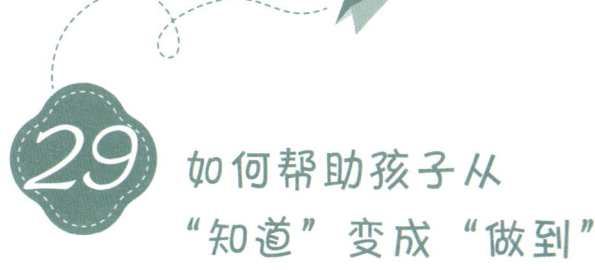

在日常生活中,我们常常听到家长跟孩子抱怨:"这件事情跟你说了好几遍了,你怎么还是做不到啊?"家长们"怨声载道",孩子们"满脸无辜"。

我们总是认为,自己已经跟孩子说得很清楚了,他们应该知道怎么做;别人家的孩子能做到,自己的孩子也应该能做到。如果孩子做不到就是心不在焉、没有认真听讲、粗心大意,是在挑衅父母的权威。于是便对孩子不满、愤怒、发火和训斥,甚至直接给孩子贴上"笨"的标签。殊不知,这样的结果会加重孩子对自己的否定,让孩子对父母的话更加厌烦、抗拒,孩子跟家长的关系越来越远,亲子关系也越来越僵。

其实,小学阶段的孩子处理事情的能力还比较弱,他们能接收到指令,也懂得一些做事的道理,只是不能立即将指令变成实际行动而已。而且,大多数孩子学会做一件事都需要较长的时间,如果我们只是千篇一律地说教和批评,不会对孩子的行动产生多大作用,最行之有效的方法是示范与鼓励。

★ **明确目标，激发动力。** 我们可以从小目标（或者让孩子自己定一个初级目标）开始，给孩子提一个相关的小要求，把必须要做的事分解成易于操作的一件件小事或一个个步骤。例如，让孩子养成每天坚持锻炼身体的习惯，这个目标难度较大，如果我们对这个目标进行简单分解和明确——每天晚上八点钟跳绳，每组跳30次，练习3～5组，以后每两天每组增加一次，练习组数不变，这个目标就很容易达成。当然，我们要求孩子"做到"之前，一定要跟孩子交代清楚：你要做什么事情？为什么要这样做？用什么方法做？这样做的好处是什么？只有让孩子知道自己的行动目标、步骤和方法，他们才能更好地产生"做"和"做好"的动力。

★ **亲身示范，共同参与。** 在日常生活中，很多家长习惯用讲道理、管教等方式教育孩子，却往往忽略了自身对孩子的示范作用。其实，孩子的行动力大多都来自父母的示范，讲道理远不如自己的陪伴与言传身教。例如，要想让孩子养成爱读书的习惯，我们就要在闲暇时多读书，而不是一直拿着手机。言传不如身教，我们要与孩子一起参与到整个做事过程中，了解孩子在做事过程中的感受，结合自己的经验，建议孩子怎么做；也可以在保证安全的前提下，引导孩子探索自己的做事方法。

★ **反复演练，包容鼓励**。孩子的接受能力有强有弱，我们偶尔的一次示范是不够的。我们要多次示范，反复演练，通过身体力行养成习惯。在这个过程中，我们要与孩子共情并接纳孩子，包容孩子的"慢"，不要把孩子"做不到""做不好"归因为"孩子的态度不端正"，也不要为孩子在这个过程中可能会出现的"不愿意""抗拒""不理解"等现象着急、愤怒，不要用爱的名义绑架孩子。要给予孩子足够的理解，真正地鼓励孩子，耐心地引导孩子，让孩子在多次练习中学会"做事"，收获自我成就感，提升自我价值感，养成"做事"和"做好事"的习惯。从知道到做到，其实并不是遥不可及的，我们的示范、鼓励和陪伴才最关键。

30 如何防止孩子沉迷网络游戏

近年来,孩子沉迷网络游戏的新闻案例屡见不鲜。孩子沉迷网络游戏不仅容易丧失学习兴趣,导致学业荒废,还会减少与同伴面对面交流的机会,易形成孤僻、冷漠等不良性格,甚至带来严重的心理问题。对此,很多家长看在眼里,急在心里。

那么,我们应该如何防止孩子沉迷网络游戏呢?

★ **引导孩子养成良好的上网习惯**。我们可以和孩子探讨网络的作用，让孩子意识到：网络除了能用来玩游戏、消遣时间外，还可以辅助学习、拓宽知识面。我们可以跟孩子商量制定上网规则，约定好玩游戏的内容、时间、时长、地点等，但必须知道孩子在玩什么，并明确在哪玩、何时玩、玩多久，在这个过程中要提高孩子的自我管理和自我控制能力。同时，切忌采取打骂孩子或者强制没收手机等"治标不治本"的手段，否则容易让孩子产生逆反心理，结果往往会适得其反。

★ **挖掘孩子的兴趣爱好**。我们要帮助孩子培养自己的兴趣爱好，带孩子发现现实生活中有趣的事情。例如，带孩子去户外骑车、打球、爬山、跑步，和孩子一起看电影、逛书店；放假期间，多和孩子做一些亲子互动活动。这样不但能转移孩子的注意力，让孩子逐渐摆脱对网络游戏的沉迷，还能培养孩子的兴趣爱好，让孩子发现家庭生活的乐趣和美好。

★ **营造有爱的环境**。我们要做好表率作用，不在孩子面前玩网络游戏，应多抽出时间陪伴孩子，多与孩子谈心交流。发现孩子在日常学习和生活中遇到困难时，一定要及时帮助孩子渡过难关，做孩子的"大朋友"。在节假日期间，可以多带孩子出去走走，感受大自然的魅力。我们要让孩子体会到家庭的滋养，感受到父母的关爱，同时还要密切关注孩子的交友状况，避免结交有沉迷网络游戏等不良嗜好的朋友。

31 如何引导孩子文明上网

网络已成为当前青少年日常生活不可缺少的组成部分。但青少年身心发育尚不成熟,判断是非和辨别信息的能力不足,网络使用不当会给他们的健康成长带来诸多消极影响。据统计,当前青少年不文明上网行为主要集中在浏览不当网页,转发不良信息,沉迷网络游戏,实施网络暴力或欺凌,花费大金额打赏主播等。这些行为对孩子的身心健康和营造文明的网络环境都极为不利。因此,我们要主动督促和引导孩子文明、安全上网。

那么,我们应该如何引导孩子文明上网呢?

★ **以身作则,作好表率**。除了必要的休闲娱乐与工作外,我们尽量不在孩子面前上网、玩手机、打游戏,更不能通宵上网;多抽时间陪伴孩子,和孩子一起读书或运动;从自身做起,给孩子做好榜样。此外,我们还要保管好自己的手机、平板电脑等上网设备,管理好自己的银行账号、支付平台账号及密码等,避免不安全事件发生。

★ **关注孩子的上网行为及习惯**。我们平时要多了解孩子经常浏览的网站、公众号等，主动与孩子交流网络上的信息，拉近与孩子的心理距离，更好地发挥监督作用；引导孩子不去浏览或散播有关色情、暴力、欺诈、分裂国家的不良信息，不散布、转载不文明或有攻击性的言论，不做危害国家、社会和他人的网络行为；教孩子理性交网友，增强自我保护意识。同时，要告诉孩子，如果遇到网络欺诈、威胁、暴力等情况，要及时向家长和老师求助。我们要加强与社区、学校的协同，共同引导孩子文明安全上网。例如，在寒暑假期间，引导孩子关注社区的"青少年之家"微信群或公众号，鼓励孩子加入"社区微少年宫"，积极参加社区活动，落实"离校不离教"，为孩子文明上网、健康成长保驾护航。

★ **共同制定并遵守家庭上网公约**。我们可以跟孩子约定使用网络或手机的基本要求。例如，约定使用手机、电脑要在家长的可视范围之内，每天使用网络或手机的频率和时长，网络交流要友好，不随意在网上泄露自己和家人的真实姓名、照片、住址、电话号码、密码等重要信息，不单独与网友见面等。同时，也要与孩子一起学习、交流《全国青少年网络文明公约》等。

资料链接

★ **构筑家用网络防火墙。**如果条件允许,我们可以在电脑上安装绿色上网过滤软件,用技术手段过滤黄色、暴力等不良网络信息,监控孩子的上网时间和行为,依法保护孩子的合法权益,确保孩子健康文明安全上网。

32 如何应对孩子动不动就发脾气

调查发现，有 30% 左右的五年级学生自我情绪管理能力较弱，他们动不动就会乱发脾气，如生气、哭闹、耍性子、砸东西等，这给很多家长带来了不小的困扰。其实，随着年龄的增长，孩子对情绪的调控能力会逐渐增强，但五年级孩子的心理需求明显增加，他们认为自己的心理需求不被认同和理解，或想要达到某一目的时，就会通过乱发脾气表现出来。

那么，我们应该如何应对孩子动不动就发脾气呢？

★ **加强自我修养，做到不急不躁**。家长是孩子的第一任老师。我们不要认为，自己的知识和经历比孩子丰富，教育孩子就绰绰有余。事实上，时代在进步，我们的知识和经历对教育新时代的孩子来说不一定管用。所以，我们要加强学习和修养，不仅要学习新知识，更要学会控制自己的情绪，和孩子交流时要做到心平气和。我们只有在平和的心态下，才能培养具有平和心态的孩子。

★ **冷静对待乱发脾气的孩子**。在多数情况下，孩子乱发脾气是为了引起家长的注意，实现自己的一些诉求。一旦发现孩子有这样的目的，我们要先保持冷静，不能立即哄孩子，否则，孩子以后会变本加厉。当然，也不能打骂孩子，因为打骂不能从根本上解决问题。我们要态度坚定地告诉孩子，吵闹是没有用的。我们可以先转移孩子的注意力，让孩子停止哭闹后再处理问题。待孩子心情平复后，我们再平和地与孩子沟通，讲清道理，这样的教育才能取得更好的成效。

★ **要给予孩子更多的理解**。很多家长觉得，孩子不用操心家里的柴米油盐，只要好好学习就可以了，所以应该是非常幸福的。其实，这只是我们单方面的想法。事实上，孩子在日常学习和生活中也常常会有一定的压力，也会遇到一些不如意和挫折，也希望得到我们的尊重和理解。所以，我们要多与孩子沟通，了解他们的内心需求，尊重他们的主张和要求，耐心倾听孩子的想法和需求，不要强迫命令孩子去做某件事情，要对孩子耐心解释这件事可以做或不能做的原因，而不是让孩子被迫听命于家长。

33 如何引导孩子改正报喜不报忧的习惯

五年级的孩子开始报喜不报忧的主要原因有三个：一是他们开始懂得站在父母的角度看问题，不希望父母担心和操心；二是他们的自尊心逐渐增强，要维持自己"好孩子"的形象，甚至有时候不惜说谎、作假；三是家长对孩子的期望值过高，孩子为了迎合家长只说好的事情。

孩子经常报喜不报忧，说明我们与孩子沟通交流不畅，这对孩子的成长不利。

那么，我们应该如何引导孩子改正报喜不报忧的习惯呢？

★ **做一个会共情的父母。**"金无足赤，人无完人。"我们自己尚且不是完人，自然要认同孩子的不完美。当孩子遇到挫折和失败时，我们不要惊慌，更不要指责孩子，而是要充分理解孩子，鼓励孩子勇敢面对挫折和失败，不要害怕失败，同时引导孩子看到自己的长处，激发他们乐观向上的情感，使他们尽快消除负面情绪。

★ **静待花开**。作为家长,我们应该适当降低自己的期望值,不要给予孩子过大的压力,不过于追求成功和结果;要让孩子在相对宽松、和谐的氛围中自然成长。这不仅可以减轻孩子的压力,增强孩子与父母交流的欲望,更有利于建立融洽的亲子关系。

★ **建立平等开放的沟通方式**。当发现孩子"报喜不报忧"时,我们要与孩子平等沟通,明确向孩子表达我们的想法:无论什么事情,父母都希望你能够诚实告知事情的全貌。我们要让孩子明白,父母永远都是他们最坚实的后盾,有了父母的帮助,再大的难题都会有转机。这有助于消除孩子的顾虑,激励他们更加真诚、坦然地与家长沟通。

★ **给予孩子一定的空间**。五年级的孩子有些时候想自己解决问题,他们也已初步具备了自己解决问题的能力,因此,我们要给予孩子一定的空间,让孩子自己去寻找解决问题的办法。同时,要适时与孩子沟通,在征求孩子意见的基础上对其进行指导和帮助。

家长观念方法

34 如何与孩子进行沟通

最近,丽丽闷闷不乐,沉默寡言,妈妈很着急,尝试跟她沟通,她却很少回应。这天晚饭时,妈妈又问考试的情况,莉莉低下头,小声地说:"B等。"妈妈一着急,便又开始了唠叨:"连续几次B等了!这次最高分是多少?你要向成绩好的同学多学习。"爸爸则一脸严肃地对丽丽说:"马上就要小升初了,你这个状态可不行!"还讲了一大段道理。丽丽听完后,头埋得更低了,匆匆吃完饭,进了房间就不出来了。

类似的情形在我们身边常常出现。随着孩子的年龄增长,我们与孩子交流的话题和次数越来越少,甚至有时主动与孩子沟通,孩子却有些爱答不理。为什么会这样呢?一方面,孩子的自我意识增强,不希望听父母唠叨说教;另一方面,我们的沟通方式单一,孩子的接受度不高。

其实,良好的亲子沟通对孩子的健康成长影响很大,不仅有助于孩子释放压力、平和情绪,有利于孩子心理健康发展和良好品格的形成,还能增进亲子感情,营造良好的家庭氛围。

那么,我们应该如何与孩子进行有效沟通呢?

★ **理解尊重,做好听众**。与孩子沟通时,我们要耐心倾听,了解孩子的真实想法。即使孩子的想法有些可笑,也不要取笑他们,而是要尝试从他们的角度去思考,尊重孩子的观点,只有这样他们才会真诚地与我们交流。同时,我们要多鼓励孩子,少唠叨,少指责。当我们意识到自己的态度和方法有不妥时,要主动承认并改进。

★ **选择时机,当好顾问**。与孩子沟通时,我们最好选择在轻松时刻(如晚餐、周末郊游等)和孩子谈他们感兴趣的话题,营造良好的交流氛围。当孩子心情不好时,我们不能火上浇油,可以等孩子调整好情绪后再沟通。我们情绪不好时,也要先调整好情绪再与孩子沟通。孩子不喜欢说教,我们可以采用当他们的顾问的方式从旁协助。例如,当孩子搞砸事情时,我们不要直接帮忙解决或严厉批评,可以先尝试让孩子独立反思,再提出合理化建议。

★ **拓宽方式,创造机会**。与孩子的沟通方式很多,除了日常交流外,我们还可以根据孩子的特点来创造机会。例如,选择身边的事例、网上的新闻,大家一起讨论;和孩子共同阅读,交流感受;和孩子一起锻炼,互相打卡督促;在孩子生日或新学期开学时,选择书信、卡片表达祝愿,提出希望;运用QQ、微信聊天或点赞与孩子轻松互动;利用周末组织家庭活动,如露营、登山、打球等,在活动中通过一起搭帐篷、选装备等方式,很自然地增加交流机会。还可以创造机会带孩子参加多个家庭的联合活动。多个家庭互动,氛围会更和谐愉快,沟通自然也会更有效。

35 怎样体察孩子的内心感受

孩子上了六年级,许多家长会遇到"孩子为什么突然变了""不知道孩子在想什么"等困惑。许多父母虽然天天和孩子在一起,但不一定真正了解孩子内心的真实想法和感受。

那么,我们应该怎样体察孩子的内心感受呢?

★ **尊重想法，获得孩子的信任**。孩子不愿意与我们分享他们的学习和生活时，我们要尊重孩子的想法，逐渐获得孩子的信任。我们要接纳孩子与自己不同的想法，放下家长的权威，允许孩子按照他们的想法做事；要给予孩子自主空间，允许孩子在他们的房间里按照自己的愿望摆放东西；要给予孩子一定的自主时间，让孩子自己去探索世界，了解世界，认知世界。在这个过程中，我们要让孩子慢慢体会到我们对他们的尊重和信任，进而得到孩子的认同和信任。

★ **主动沟通，与孩子平等交流**。了解孩子最好的方式就是沟通交流。在六年级这个时间节点上，孩子的内心是非常敏感的。我们要多与孩子沟通，了解他们的想法，引导他们解决困惑，成为他们的朋友。例如，可以每周固定一个亲子时间，用聊天、电话、书信等方式了解孩子的心理状态，和孩子一起商量家里的重要事务，在与孩子平等交流的过程中引导他们发表自己的看法和主张。

★ **共迎挑战，与孩子成为朋友**。当孩子在学习、生活中遇到挑战时，我们要鼓励、支持孩子，给予孩子切实可行的建议，并参与到孩子克服困难的过程中，了解他们的感受、想法和心路历程，从而进入他们的内心世界，真正成为他们的朋友。

36 如何给孩子一定的自由时间

六年级的孩子即将步入初中,正在为进入理想的学校做准备,他们的时间大部分都被学习占得满满的。但长此以往,孩子会感到压抑,出现注意力难以集中、记忆力减退、思维能力下降等问题,心理问题也会随之产生,反而不利于孩子高效学习。

那么,我们应该如何给孩子一定的自由时间呢?

★ **转变观念,放松对孩子时间的管控**。有一句话这样说:有些鸟儿是注定不会被关在牢笼里的,它们的每一片羽毛都闪耀着自由的光辉。每个人的内心都渴望自由,不想被束缚,即使是孩子也不想成为家长的牵线木偶。因此,我们应该放松对孩子时间的管控,让他们有自主支配的时间。

★ **给孩子一定的自由时间,培养他们自主管理时间的能力**。我们可以跟孩子约定学习任务完成后的个人支配时间,让他们在保证安全的前提下尝试以自己喜欢的方式自主安排活动,如交友聊天、伙伴嬉戏、游玩赏景、自由漫步、独处静思、尝试挑战等,并适时引导孩子反思总结,让他们慢慢懂得如何掌控和支配时间。孩子的时间管理能力得到提高,独立性和思考能力得到发展,有利于提升他们的学习能力。

★ **适度安排自由时间,不能放纵孩子**。给孩子自由时间并不意味着不管不顾,我们要跟孩子商量好每次自由时间的时间段和时长,做好安全保障,并要求孩子接受监督。同时,我们应该在日常生活中指导孩子有效安排和利用好时间,提高时间使用效率和管理能力。

37 如何做好赏识教育

清代教育思想家颜元曾说:"数子十过,不如奖子一长。"父母如果经常数落孩子的缺点、过失,过多关注孩子的弱点和短处,可能会使孩子产生消极的心理暗示,从而受到负面影响;相反,父母如果关注和赏识孩子的优点和长处,会使孩子产生积极的心理暗示,从而把父母的赏识、尊重、理解和爱变成奋发向上的动力,孩子就会越来越强,亲子关系就会越来越亲密。适当的赏识是父母必须掌握的教育方法。

那么,我们应该如何做好赏识教育呢?

★ **赏识孩子须"真诚"**。在表扬或赞赏孩子时,我们应该具体指出孩子在哪些方面有进步,在哪些事情上表现得不错。例如,你在自己规定的时间里完成了任务,自主管理能力很强。我们要用真实的事例让孩子真切感受到自己是被真心赏识的,这样的赏识才是有力量的。

★ **赏识孩子须"聚焦"**。当孩子出现了我们期望的行为时,我们只表扬这个具体行为,而不应该含糊其词地表扬其整个人。例如，你制定了一个非常详细的学期规划表；你的读书笔记做得很好；你花费很长时间做的导游机器人模型看起来很酷。只有聚焦孩子的行为进行表扬，才会产生长久而深远的效果。

★ **赏识孩子须"有度"。**在什么情况下才表扬孩子，我们心里要有"一杆秤"。如果过多过滥，用赏识来"满足"孩子，可能会导致"赏识依赖症"，即有表扬孩子就好好表现，没有表扬孩子就无所作为。我们要在平时的鼓励中让孩子明白"达到目标才是最重要的"。例如，当孩子经过长久坚持而实现了预期目标时，我们可以这样说："你的恒心是一笔宝贵的财富，你拥有它，也就拥有了成功。"

★ **赏识孩子需要尊重个体。**赏识教育要因人而异。有的孩子性格内向，如果我们总是当众表扬，可能会引起孩子反感；有的孩子性格张扬，如果我们的赞美方式比较婉转含蓄，孩子就很难感觉到父母的表扬和赏识。有些孩子喜欢我们表扬其内部品质，有些孩子喜欢我们奖励其行为。因此，我们要留心孩子的关注点，用他们喜欢或容易接受的方式表扬他们。

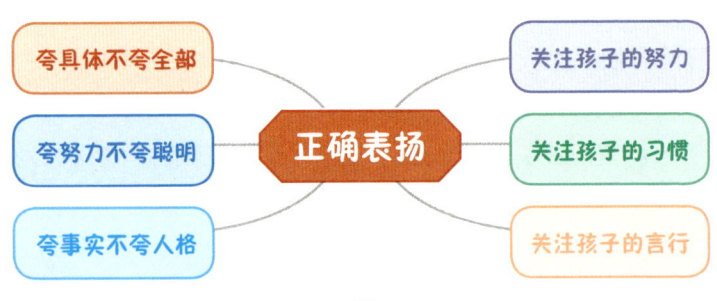

38 怎样表扬才能更好地激励孩子

表扬是最有效的教育方法之一。它既可以激励孩子保持积极向上的状态,又能帮助孩子树立良好的自信心。五年级的孩子开始进入青春期,个性日渐突出,自我意识增强,我们以前惯用的"口头表扬""物质奖励"已经越来越难以激发孩子的积极性。

那么,我们应该怎么表扬才能更好地激励孩子呢?

★ **转变表扬观念**。一些家长为了鼓励孩子而过度表扬,夸大孩子的进步;不少家长常用"你真聪明""你很棒""你真不错"等无具体内容指向的、空泛的语言表扬孩子。这些"敷衍式"表扬方式很难得到这个年龄段孩子的认可。有的家长常用"你比某某考得好,我真高兴!"这种与其他人做比较的表扬方式会误导孩子。正确且有价值的表扬应该是用真诚的态度肯定孩子的真实进步。例如,"经过一个多月的努力,你的书画作品水平提升较快,并获得了在学校展示的资格,努力才会有收获,你要继续加油哦。"

★ **具化表扬内容**。我们要用具体的内容表扬孩子的进步。对于小学高年段的孩子,我们要更多地发现孩子坚强的毅力,良好的态度和创新创造意识,善于与人合作和自主管理等方面的闪光点。例如,"这个科技模型是你独立完成的,你学会了许多科技创新的方法,做到了面对挫折不放弃,你真棒!""这次小组合作完成的诗集,你提出了不少建议,与伙伴们的合作也很愉快,真不错!""这个学期你能天天坚持体能训练,你真有恒心!"同时,我们还要关注孩子的价值观培养,通过对其成长价值的肯定来促进孩子良好品性的养成。

★ **调整表扬方式**。我们在表扬孩子时,还要了解孩子的性格特点,找准他们的兴趣点,并针对不同的孩子选择恰当的表扬方式。对于性格内向的孩子,我们可以选择一对一、面对面、书面表扬的方式,让其感受到我们的真心、用心、暖心;对于性格开朗活泼、善于表现的孩子,我们可以选择在他的重要朋友面前,或集体场合进行表扬,增强他的价值感、荣誉感,提升其积极性;对于有特别兴趣爱好的孩子,我们不妨投其所好,选一件称心的礼物,给孩子一个小惊喜,表达对孩子的激励。

39 怎样做才是真的"一切都是为你好"

"这个不能吃!妈妈是为你好,你要听话!""这个太危险了,不能做,我们是为你好!"……有些家长秉承"一切都是为你好"的教育理念对待孩子,但是有时孩子却不领情,甚至出现亲子关系紧张的状况。

孩子不领情的原因无外乎两个:一是我们以"一切都是为你好"为本意而做的决定可能因为没有与时俱进,不符合孩子发展的需要;二是我们传达"一切都是为你好"这种理念的方式过于主观或强势,容易引起孩子的逆反心理。

五年级孩子的自我意识已经萌发,他们对许多事情有了自己的看法和主张,希望可以按自己的方式来处理问题。如果此时我们还以"高高在上"的姿态对待孩子,自我陶醉地为孩子"好",过多地限制孩子的行动,自然就会导致孩子不领情,甚至还有可能让孩子失去探索世界的好奇心。

那么，我们应该怎样做才是真的"一切都是为你好"呢？

★ **做一个与时俱进的学习型家长**。我们和孩子之间至少有 20 岁的年龄代沟。在日新月异的信息时代，我们不能凭自己的"老经验"来处理事情，要多学习新理念、新知识，只有这样才能和孩子有相同的话题。我们只有懂得孩子的真实需求，才能给予他们成长需要的建议。

★ **平等交流，理解并尊重孩子的想法**。我们不妨将"为你好"模式改变成"我要好"模式，让孩子尝试自主决定。如果有分歧，也要心平气和地讲清楚孩子的想法没有被采纳的原因，让孩子主动接受，而不是感受到被控制。

★ **适度放手，帮助孩子体会自主之乐**。在处理亲子关系时，我们要学会适度放手，允许孩子有自主行为。例如，针对选择阅读书目这类孩子能做决定且不会出现严重后果的事情，我们可以做个"懒人"，让孩子自己做决定。一段时间后，再一起讨论，引导孩子总结并学会自我反思、自我改进。

40 怎样才能保持亲子间的信任

孩子上五年级后,很多家长发现,孩子的日常行为有了一些微妙的变化:QQ号居然对自己上了锁,有时背着自己给同学打电话,回家总爱关上房门,有时还会编谎话来搪塞家长……

随着孩子年龄的增长,孩子的自我意识和独立意识日渐增强,他们想摆脱父母的约束,并以此证明自己"长大了"。如果家长平时对孩子管控较多或经常呵斥孩子,孩子的自我保护意识就会更强,对父母的信任度会更低。

那么,我们怎样才能保持亲子间的信任呢?

★ **给予孩子更多独立的空间。**五年级孩子的知识和经验都有了一定的积累,他们已经能够独立处理自己的一些事情了,我们不能再包办孩子的所有事情,要学会适度放手,给孩子一定的自主权,给予孩子足够的成长空间。例如,可以让孩子自己选择兴趣特长班,自己规划在家学习的时间和方式,自己布置自己的房间等。只有在这样的环境中,孩子才能感受到家长的尊重和信任,也会更愿意和我们分享他的真正想法。

★ **做守信用的父母**。在与孩子相处的过程中,我们说话、做事都要理智、理性,要"说到做到",做一个守信用的人。特别要注意的是,不要在高兴时对孩子许下实现难度较大的承诺。对孩子承诺的事情要尽全力做到,如果实在无法做到,就要好好和孩子解释,获得孩子的理解。只有这样才能在孩子心中种下信任的种子。这也是我们树立威信的好办法。

★ **悦纳孩子的不足,保护孩子的自尊**。每个孩子都是一个独特的个体,我们不要只看到别人家孩子的长处和自己孩子的缺点。要想和孩子成为朋友,我们就要与孩子相互悦纳。我们也可以跟孩子讲讲自己的不足和弱点,不能总是跟孩子谈上进、学习、注意力集中、成绩要提高。这种家长很难成为孩子信任的朋友。当孩子在公共场合出现不恰当行为时,我们不能公开训斥孩子,要用恰当的方式提醒孩子怎样做才是得体的行为。这样既能保护孩子的自尊,又能赢得孩子的信任和尊重。

41 如何处理亲子冲突

每个人在成长过程中和父母都必有一"战"。亲子冲突是孩子青春期阶段亲子关系中的常见现象,如果处理不当,不仅会影响正常的家庭氛围,甚至还会严重影响孩子的身心健康和学业水平。其实,我们可以把亲子冲突看作亲子关系的"警报器",警报拉响,说明我们与孩子之间有问题亟须解决。

那么,我们应该如何处理亲子冲突呢?

★ **必须做到三个"不"**。不要打孩子!不要羞辱孩子!不要脱口说出赌气话!要知道,在孩子的世界里,一旦起了冲突,家长与孩子赌气,孩子更不会服气。孩子发起狠来,就想证明:你狠,我比你更狠。这样会导致场面更难收拾。

★ **调控情绪，做好榜样**。当遇到亲子冲突时，我们可以做深呼吸，控制好情绪，力争做到心平气和。如果确实无法平静下来，我们可以暂时回避，冷静下来后再和孩子沟通，切忌带着愤怒的情绪对孩子进行教育。作为孩子的榜样，我们对待孩子的方式对孩子为人处世的方式影响很大，孩子以后甚至会用同样的方式回应我们。

★ **耐心倾听，给予尊重**。当与孩子发生冲突时，我们先静下心来，认真听一听孩子的真实想法及其背后的原因，神态要专注，看着孩子的眼睛，让他知道此刻你的眼里只有他，他可以放心倾诉他内心的需求。回答要及时，要放下手中正在做的事情，可以说"哦，这样啊！""嗯""我在听呢"等。语言要带鼓励。接着问："然后呢？""我很好奇接下来发生了什么？"要全程跟随孩子，让孩子感受到尊重，这有利于我们理解孩子想法的来龙去脉，以便清楚接下来该如何回应。

★ **及时回应，真实表达**。听完孩子的讲述以后，我们要用尽量清晰、简单和描述性的语言把自己想表达的看法说出来，如"我想可能是……""我认为……当然这只是我的个人看法"……这种第一人称表达句式非常有效。

★ **平等协商，达成共识**。在与孩子协商的过程中，我们要和孩子就观点、想法的差异进行平等沟通。具体做到：一次只谈一件事；轮流讲话，有来有往；语言清楚、具体、简单；多提几个备选项，尽量找到共同点；等等。

42 怎样做不唠叨的父母

"快点吃,别磨蹭!""说你你还不爱听,快点写能拖到这么晚吗?""就知道玩手机,你看别人"……在日常生活中,有不少家长总喜欢这样"唠叨"。

每天说不完的叮嘱,道不完的提醒,虽然我们本身的出发点是关心、保护孩子,体现自己的教育责任,但实际表现出来的却是对孩子的不信任、指责。从短期来看,"唠叨"会有一定的效果,但从长远来看,这种"唠叨式"的教育会成为孩子的思想负担,导致孩子和我们的沟通越来越少,可能还会让孩子对父母失去信心,甚至加剧一些孩子的叛逆、孤僻心理。

那么,我们怎样做不唠叨的父母呢?

★ **平等交流,有效沟通。**我们要放下父母的架子,放下正在做的事情,与孩子平等对话,了解孩子的真实想法。对那些孩子不容易记住的事情,我们可以给孩子写一个备忘纸条或准备一块小黑板,放到孩子容易看到的地方,这样的沟通效果会比"唠叨"更好。同时，对孩子的不当行为，不要急于指责，更不要翻旧账，而是应该就事论事，正面积极地给予孩子具体的指导。

★ **适度放手，自我成长。**每一个孩子的成长都有一个过程，我们要给予孩子自我成长的空间和机会。我们在孩子成长的过程中要适度放手，鼓励孩子主动去做一些力所能及的事，允许孩子犯一些小错，允许孩子多尝试新的领域、新的事物，让孩子早一点经受生活的"锤炼"，慢慢做到"自己的事自己做"。随着孩子一天天长大，你会发现他已经学会自我管理、自我成长，根本不需要你唠叨了。

★ **放平心态，学会减压。**不少家长在孩子身上寄托了自己没有实现的愿望，特别关心孩子的成绩，期望孩子考入"名校"，并作为自己家庭教育"成功"的标志。当孩子成绩不理想，或没有按照自己的期待和安排去做时，家长就指望通过"唠叨"来督促孩子，这反而会给孩子和自己带来更大压力。每一个孩子都有自己的个体特征，我们要关注孩子的努力过程，看到孩子的闪光点，并鼓励孩子在自己擅长的领域多努力，而不是只关注学习成绩，这可以让自己和孩子都能保持一颗"平常心"。这样，家长的"唠叨"就会少一些，孩子的压力就会小一些，孩子成长的速度可能会更快。温柔而坚定的家长，往往会给孩子带来前进的力量，使孩子的性格更加完善，在人生路上获得更多幸福感。

43 怎样做才能与不在身边的孩子实现良好沟通

对于长期出差、长驻外地或者外出打工的父母来说，如何与孩子沟通成为一个难题。我们要通过有效沟通，让远在"千里之外"的孩子与我们的心灵息息相通。

那么，我们怎样做才能与不在身边的孩子实现良好沟通呢？

★ **养成定时沟通的习惯**。我们可以将自己的作息时间告知孩子，约定在共同休息的时间聊天沟通，养成定时沟通的习惯（如有变化要及时告知孩子或者给孩子留言），让孩子学会主动给我们打电话。在孩子生日、儿童节等特殊日子时，不论再忙，我们也要抽空与孩子联系，让孩子时时感受到我们的牵挂和爱意。联系方式可以多种多样，如电话、微信视频、写书信等，可灵活运用，尽量不要只用一种。

★ **平等沟通增进感情。** 我们可以跟孩子分享自己生活的趣事和新鲜事，也可以讲讲工作中的感受，让孩子理解父母的不容易。在谈心和分享新鲜事的时候，可以插入一些说教的内容，这样孩子也容易接受、乐于接受。例如，我们可以询问孩子学习生活中的困难，能解决的就立刻解决，不能解决的就先安慰孩子或与孩子商量解决办法。也可以通过询问孩子身边的其他人，多方面了解孩子的情况并及时跟进。在与孩子沟通时，我们尽量少说多听，多引导孩子主动聊聊生活和学习现状，了解孩子近期所经历的事情，拉近与孩子的情感距离。不能经常问孩子"考试考得好不好""有没有调皮捣蛋"之类的话，以免让孩子觉得我们只知道查岗，不关心他们，从而在心理上排斥和我们沟通。更不要居高临下地摆威风，要尽量坚持用平等、包容的态度，特别是在孩子犯了错误的时候，我们更要以宽厚包容之心去理解、接纳和引导。

★ **珍惜相处时间。** 孩子放长假时，我们要尽量把他们接到身边，增加相处时间，增长孩子的见识。同时，我们还要珍惜回家的机会，多陪伴孩子，带孩子逛书店、参加亲子活动等，共同经历一些趣事，尽量营造一个和谐美满幸福的家庭氛围。这些都将成为孩子成长的记忆和动力。

44 如何引导孩子主动与我们交流

一项社区随机调查发现,约有 80% 的家长表示,自己与十一二岁的孩子沟通有问题。另外,不少十一二岁的孩子可以跟朋友甚至网友侃侃而谈,但是对自己的父母却惜字如金,父母本该是孩子最亲近的人,反而成了孩子"最熟悉的陌生人"!

究其原因,一方面是这个阶段的孩子开始有了独立自主的意识;另一方面,我们仍然把这个阶段的孩子当成"小孩儿",仍然说一不二地对待孩子,没有与孩子平等地沟通交流,自然就不能走进孩子丰富的内心世界。

那么,我们应该如何引导孩子主动与我们交流呢?

★ **平等交流,结成同盟。** 我们不要轻易向孩子发脾气,要与孩子平等沟通;不能只关心孩子的成绩,否则就容易与孩子对立。我们要关注孩子成长中的酸甜苦辣,与孩子平等对话,只有这样,孩子才会把我们当成他的好朋友,才会和我们主动交流。

★ **主动表扬，多多鼓励**。我们要主动表扬孩子具体的进步。例如，"你今天穿衣服比昨天快一分钟，有进步！"这时孩子心里可能会想：我明天还要再快一分钟。我们真诚欣赏、充分肯定孩子，孩子就会更有动力和信心。

★ **给孩子成长的空间**。十一二岁的孩子开始想挣脱父母的管束走向独立自主，此时，我们千万不要把自己的想法强加给他，而是要多用提问的方式与孩子沟通，如"你觉得这件事情怎样处理比较好？""现在需要我们做些什么？""我想听听你对这件事情的看法，可以吗？"我们要给孩子成长的空间，等他认可我们了，我们说的话他自然就会愿意听并认真思考。

★ **指导孩子解决问题**。当孩子遇到难题时，我们要和孩子一起商量并提出具体可行的解决方法。当遇到实在解决不了的问题时，我们可以向专业人士请教，或者阅读相关专业书籍。

45 怎样引导孩子多交好朋友

乐乐上五年级后,与一个女同学成了好朋友。但据老师们反映,自从乐乐和那个同学交往以后,上课开始不大用心听讲了,讲话的次数也比以前多了。乐乐妈妈对此很担忧,想阻止女儿和那个女同学来往,但又考虑到乐乐性格比较内向,本来就不太容易交到朋友,如果阻止她们交往,担心会让乐乐受到打击,以后就更不容易和别人相处了。

在现实生活中,像乐乐这种情况不在少数。随着孩子一天天长大,他们接触的人会逐渐增多,社交圈也会逐渐变大。俗话说得好,近朱者赤,近墨者黑。孩子的朋友对他们的影响还是很大的。但小学高年段孩子的辨别能力还很有限,因此,我们要注意孩子的交往对象。

那么,我们应该怎样引导孩子多交好朋友呢?

★ **做好示范引导**。我们可以多向孩子分享自己交友的方式和收获,让孩子了解交友技巧,认识到朋友在学习、生活中的重要性;可以引导孩子参加妇联、社区或者亲戚邻居等举办的活动,也可以多带孩子到运动俱乐部、公共图书馆、博物馆、公园以及大自然中,扩大潜在的朋友资源,给孩子创造结识更多小伙伴的机会。同时,我们要尊重孩子的朋友,鼓励他邀请朋友一起玩耍;要尊重孩子的个性需求,有些孩子可能喜欢交际,而有些孩子比较喜欢独处。

★ **指导孩子辨别朋友**。我们要鼓励孩子自己选择朋友,让他们在寻找玩伴和与玩伴相处的过程中体会到获得友谊的快乐和幸福。同时,也要让孩子明白,并不是每个人都可以成为自己的朋友,要择人而交。经常做违反校规甚至违背道德的、经常发脾气的、经常在背后说别人坏话的、爱占小便宜的人都不宜深交。

★ **适度介入**。孩子们之间有自己的语言、有共同的话题,孩子的"朋友圈"是他们表达情感、舒缓情绪的空间,我们理应尊重。有些家长担心孩子交友不慎,经常监视孩子,把孩子逼得太紧,不但不利于问题解决,反而会加剧亲子冲突。我们要给孩子适当的交往空间,并通过观察来掌握孩子的情绪动态。如果发现确有异常,可以与孩子交流、与教师沟通,了解孩子的具体情况后,再对孩子的交友方式加以引导。

46 如何引导孩子正确看待家庭的重大变故

在孩子的成长过程中,他们或许会遇到父母离婚、长辈得重病或意外伤亡等家庭重大变故。小学阶段的孩子心智尚未成熟,家庭的重大变故很可能使他们的心灵遭受创伤,给孩子带来很大的心理压力,有的孩子甚至会因此变得敏感、自卑、孤僻。

那么,我们应该如何引导孩子正确看待家庭的重大变故呢?

★ **尽量克制悲伤，与孩子共谋未来。** 面对家庭的重大变故，我们要尽量调整好自己的情绪。隐瞒不是长久之计，我们应该根据孩子的性格和年龄，冷静、真诚、耐心地用孩子最能接受的方式解释家庭变故的原因。学着和孩子共同预设家庭可能会遇到的一些问题，与孩子共同制订家庭的未来发展计划，给孩子分配一些力所能及的家庭小任务，激励孩子主动承担家庭责任，培养自我价值感。

★ **尽量保持正常的生活步调。** 我们要尽量让日常生活保持正常。例如，让孩子照常上学，参加活动，与朋友往来，这有助于孩子渡过难关。如果家中的氛围让孩子难以忍受，可以先让孩子住在亲友家中，等事情平息下来后再将其接回家。

★ **给予正向的心理暗示。** 面对家庭的重大变故，身边的人或许会对孩子表达同情，其实这是在无意识地传达一个信息：残缺的家庭是不正常的，你生活在这样的家庭中是不幸的。孩子被这样的信息包围时，很容易感到自卑。作为父母，我们不要过分强化这个"不幸"，而是应该及时调整好自己的心态，及时给予孩子正向的心理暗示，为孩子加油打气。

★ **关注孩子的异常行为**。越是处于这样的敏感时期，我们越要关注孩子的行为。如果孩子出现一些不正常的举动，我们更应该引起重视，增加陪伴孩子的时间，加强与孩子沟通，多参与亲子活动，理解孩子的内心。如果遇到孩子有过激的异常行为，我们要及时寻求相关专业机构或人员的帮助和指导。

★ **不要以纵容来补偿**。部分家长认为，孩子遭遇家庭重大变故的原因是自己没有给孩子足够的关爱，从而感到愧疚，总想对孩子加倍补偿。有的家长会无条件地答应孩子的无理要求，纵容孩子的不良习惯，用物质奖励补偿孩子等。这样的行为不仅不会缓解孩子的心理状况，久而久之，还会增加孩子的心理负担和压力。

47 怎样才能给孩子做好榜样

孩子到六年级以后，仍有不少家长还习惯用直接满足需求的方式来表达对孩子的爱，却不注重言传身教、以身示范。其实，对于开始进入青春期的孩子而言，父母的榜样作用比直白的言语教育更有效。这既可以培养孩子的良好行为习惯，又可以营造和谐的家庭氛围，让我们和孩子一起成长。可以说，如果把孩子比喻为家庭的花朵，榜样示范作用就是家庭教育中的阳光和雨露。

那么，我们怎样才能给孩子做好榜样呢？

★ **做好生活榜样**。常言道：孩子是父母的一面镜子，父母是孩子的榜样。在孩子面前，我们要注意个人卫生习惯、语言文明习惯、勤俭节约习惯等。例如，饭前饭后勤洗手，饭前主动摆放餐具，饭后帮忙洗碗收拾；文明说话，不说脏话；在外就餐时按需点菜，没吃完的饭菜打包带走。生活中的点点滴滴都是对孩子成长的层层浸润。唯有如此，孩子的言行才能真正做到始终表里如一。

★ **做好情绪管理榜样。** 良好的情绪对于孩子的身心健康至关重要。我们尽量不要把工作中的不良情绪带回家,不轻易在孩子面前发火。夫妻有分歧的时候,要注意避开孩子,并私下及时沟通,保持教育的一致性。我们情绪不好时,可以用"我今天情绪不好,有事等会儿再来找我"等语句,直接告诉孩子自己的情绪状态,而不是通过吼叫让孩子间接感知。这样的情绪管理示范和解释,可以让孩子及时感知我们的情绪,帮助孩子管理好自己的情绪。

★ **做好学习榜样。** 父母的学习兴趣会显著影响孩子的学习兴趣。因此,想要孩子养成良好的学习习惯,我们要争做"读书型"家长,在耳濡目染中带动孩子进步。例如,阅读习惯方面的培养,我们应首先减少在孩子面前玩手机的时间,并尝试多跟孩子交流自己的阅读心得和获得知识的快乐,并不时分享自己的阅读计划,包括阅读书目、阅读量、阅读时长规划等;周末、节假日多带孩子逛书店或者参加阅读活动,引导孩子正确挑选书籍,向孩子传递自己认为有用的想法或经验,避免高呼"知识就是力量"这些大道理。细节越是具体可感,孩子就越容易模仿学习。

48 为什么不提倡家长带孩子去娱乐场所

资料链接

《中华人民共和国未成年人保护法》第十七条明确规定：未成年人的父母或者其他监护人不得放任未成年人进入营业性娱乐场所、酒吧、互联网上网服务营业场所等不适宜未成年人活动的场所。一项调查发现，有近一半的小学生曾在家长带领下进入过KTV、酒吧、棋牌室等娱乐场所。访谈发现，有些家长以让孩子出去见见世面或锻炼孩子的沟通能力为由，带着孩子去过密室逃脱、剧本杀等场所，很多孩子还乐此不疲，甚至主动要求参加。事实上，十一二岁的孩子正处于心智发展的关键时期，社会认知能力、自我控制能力、自我保护能力都不足，容易受到外界新鲜事物的影响。十一二岁的孩子进入娱乐场所是百害而无一利的。

★ **对孩子有身体上的危害**。娱乐场所比较密闭，音乐声音比较大，空气不够流通，容易滋生和繁殖细菌，不少成年人还在娱乐场所吸烟或者喝酒。在这样的环境下，孩子会吸入大量的"二手烟"或者污浊的空气，待的时间长了很容易生病，刺激的画面和音乐对孩子的视力、听力也有损害。娱乐场所非常不利于孩子的身体健康。

★ **对孩子有行为上的危害**。十一二岁孩子，价值观、是非观等还未定型，缺少自控能力和辨别能力，模仿能力很强，如果经常进入娱乐场所，就会有意无意地模仿成年人的行为，吸烟、喝酒或者出现不文明言行，这将会对孩子产生严重的负面影响。

★ **对孩子有心理上的危害**。不健康的环境将会影响孩子的心理健康。孩子经常进入娱乐场所，很可能会误以为吸烟喝酒"够气派""很好玩""很刺激"，染上不良习气。这对孩子的心理健康非常不利。

49 如何引导孩子为初中学习做准备

六月,升旗台旁,茉莉花的幽香在夏日微风中荡漾。阳光穿过黄葛树葱郁的叶子,洒下斑驳的光。"耶!终于毕业了!即将迎来两个月的暑假,好爽!我要好好'放飞'自我!"六年级的小文将装着毕业证的书包向空中肆意一抛,洒下阵阵欢笑。一旁的妈妈语重心长地说:"孩子,祝贺你小学毕业。这个假期要'放飞',也需要为即将到来的初中学习做好准备哟!"

随着小学毕业季的来临,孩子即将迎来初中生活。一项调查发现,仍有近五成孩子不知道如何为初中生活做准备,我们要特别关注这一话题。

那么,我们应该如何引导孩子为初中学习做准备呢?

★ **提前了解就读的初中学校**。明确即将就读的初中学校后,我们可以带着孩子去学校周围实地看看,如果条件允许,最好进学校去看看。尽量提前了解学校的基本学习和生活条件、周边环境,以及上学放学的交通路线。同时,我们可以与在同一学校读书的小区邻居或亲朋好友交谈,了解他们的学习感受,学校在学生管理和教育教学等方面的基本要求,提前做好相应的准备。

★ **帮助孩子做好时间规划和学习准备**。初中课程增多,我们要引导孩子学会合理安排时间,尽快适应越来越快的学习节奏。例如,与孩子协商,制定一个假期时间安排表,明确每天的时间和内容安排,适度预习初一主要学科的学习内容,统筹规划学习、运动、休息的时间。教会孩子一些规划时间的技巧,如用零散时间做背单词等长效的事,用整块的时间做推演数学题等高效的事。

★ **强化孩子良好的学习习惯**。初中学科难度增大,我们要有意识地培养孩子提前预习的习惯,认真记笔记的习惯,独立完成作业的习惯,自己想办法解决问题的习惯,自己检查作业的习惯,经常复习的习惯,及时更新和使用学科"错题本"的习惯。如果孩子课堂专注度不够高,我们可以与孩子一起看《新闻联播》,之后让孩子复述主要内容,培养孩子的专注力。

★ **提升孩子的生活自理能力。**初中阶段对孩子（特别是要住校的孩子）的生活自理能力提出了更高要求。我们要指导孩子学会根据天气变化增减衣物，学会清洗小件衣物，保管好自己的生活和学习用品，合理使用零花钱，保管好学生证、乘车卡、饭卡等常用物品。

★ **劳逸结合储备能量。**暑假也要劳逸结合。我们可以抽出时间带孩子外出亲近大自然，或者去当地博物馆（院）、科技馆探寻大自然的奥秘，开阔孩子的眼界和视野，为初中学习打下良好基础。

50 怎样挑选适合自己孩子的初中

调查发现,九成以上的家长都希望自己的孩子能进入一个好初中。为了让自己的孩子进入好初中,很多家长拼命地"鸡娃",把孩子的时间安排得满满当当的,千方百计地带孩子参加所谓"优质初中"违规组织的"提前招生"、民办学校违规组织的考试等。多数家长认为,只有优质初中才是好学校。优质初中好不好呢?当然好!但是,我们必须明白,严格执行"就近入学""直升初中"是大势所趋,也是国家政策要求,更何况,优质初中并不一定适合所有孩子。

那么,我们应该怎样挑选适合自己孩子的初中呢?

★ **适合孩子学习发展水平的初中才是好学校。** 各个学校会根据本校大多数学生的学习能力和水平确定教学进度、教学难度等。如果孩子的学习能力强,综合素质较好,就适合到教学进度较快、教学要求较高的学校学习,这样既跟得上，又能吃"饱"，有利于孩子更好地发展。如果孩子的学习能力和整体水平一般，到这种学校就可能会出现学习上"吃不消""消化不了"等问题。孩子如果长期处在这样的学习环境中，无疑是在煎熬，与其强求孩子到教学进度较快、教学要求较高的学校，还不如让孩子到与其自身发展水平相当的学校学习。如果孩子的基础比较薄弱，理解力较差，就应该选择注重基础、教学进度适当的学校，只有这样才有利于他们持续、健康地发展。

★ **学校管理风格与孩子比较一致的初中才是好学校。**每个学校都有自身特点。注重孩子自我管理、自主发展的学校比较适合自觉、独立和自控意识都比较强的孩子；对学生管理比较严格的学校比较适合自制力较弱、习惯稍差的孩子。介于两者之间的学校比较适合有一定的独立自主意识，同时又需要及时监督的孩子。当然，孩子的可塑性还是很强的，我们也要根据孩子的个性，引导孩子逐渐增强自我管理能力和自觉意识，更好地发挥孩子的长处。

★ **能激发孩子学习兴趣和成长动力的初中是好学校。**教育的真正目的是激发孩子的学习兴趣和成长动力。我们可以从学校近年来的办学成果中去了解不同学校对激发孩子学习兴趣和成长动力的重视程度及成效，看看以往孩子进校时的知识和能力水平与其经过三年在校学习后的变化，看看孩子毕业后的成长及变化，看他们在多大程度上通过学校的教育激发出了自身的潜力与内驱力。

家庭教育涉及的相关法律条款摘录

中华人民共和国教育法

第五十条 未成年人的父母或者其他监护人应当为其未成年子女或者其他被监护人受教育提供必要条件。

未成年人的父母或者其他监护人应当配合学校及其他教育机构，对其未成年子女或者其他被监护人进行教育。

学校、教师可以对学生家长提供家庭教育指导。

中华人民共和国义务教育法

第五条 各级人民政府及其有关部门应当履行本法规定的各项职责，保障适龄儿童、少年接受义务教育的权利。

适龄儿童、少年的父母或者其他法定监护人应当依法保证其按时入学接受并完成义务教育。

第十一条 凡年满六周岁的儿童，其父母或者其他法定监护人应当送其入学接受并完成义务教育；条件不具备的地区的儿童，可以推迟到七周岁。

适龄儿童、少年因身体状况需要延缓入学或者休学的，其父母或者其他法定监护人应当提出申请，由当地乡镇人民政府或者县级人民政府教育行政部门批准。

第五十八条 适龄儿童、少年的父母或者其他法定监护人无正当理由未依照本法规定送适龄儿童、少年入学接受义务教育的，由当地乡镇人民政府或者县级人民政府教育行政部门给予批评教育，责令限期改正。

中华人民共和国妇女权益保障法

第三十六条 父母或者其他监护人应当履行保障适龄女性未成年人接受并完成义务教育的义务。

对无正当理由不送适龄女性未成年人入学的父母或者其他监护人，由当地乡镇人民政府或者县级人民政府教育行政部门给予批评教育，依法责令其限期改正。居民委员会、村民委员会应当协助政府做好相关工作。

政府、学校应当采取有效措施，解决适龄女性未成年人就学存在的实际困难，并创造条件，保证适龄女性未成年人完成义务教育。

中华人民共和国残疾人保障法

第九条 残疾人的扶养人必须对残疾人履行扶养义务。

残疾人的监护人必须履行监护职责，尊重被监护人的意愿，维护被监护人的合法权益。

残疾人的亲属、监护人应当鼓励和帮助残疾人增强自立能力。

禁止对残疾人实施家庭暴力，禁止虐待、遗弃残疾人。

中华人民共和国未成年人保护法

第五条 国家、社会、学校和家庭应当对未成年人进行理想教育、道德教育、科学教育、文化教育、法治教育、国家安全教育、健康教育、劳动教育，加强爱国主义、集体主义和中国特色社会主义的教育，培养爱祖国、爱人民、爱劳动、爱科学、爱社会主义的公德，抵制资本主义、封建主义和其他腐朽思想的侵蚀，引导未成年人树立和践行社会主义核心价值观。

第七条 未成年人的父母或者其他监护人依法对未成年人承担监护职责。

国家采取措施指导、支持、帮助和监督未成年人的父母或者其他监护人履行监护职责。

第十五条 未成年人的父母或者其他监护人应当学习家庭教育知识，接受家庭教育指导，创造良好、和睦、文明的家庭环境。

共同生活的其他成年家庭成员应当协助未成年人的父母或者其他监护人抚养、教育和保护未成年人。

第十六条 未成年人的父母或者其他监护人应当履行下列监护职责：

（一）为未成年人提供生活、健康、安全等方面的保障；

（二）关注未成年人的生理、心理状况和情感需求；

（三）教育和引导未成年人遵纪守法、勤俭节约，养成良好的思想品德和行为习惯；

（四）对未成年人进行安全教育，提高未成年人的自我保护意识和能力；

（五）尊重未成年人受教育的权利，保障适龄未成年人依法接受并完成义务教育；

（六）保障未成年人休息、娱乐和体育锻炼的时间，引导未成年人进行有益身心健康的活动；

（七）妥善管理和保护未成年人的财产；

（八）依法代理未成年人实施民事法律行为；

（九）预防和制止未成年人的不良行为和违法犯罪行为，并进行合理管教；

（十）其他应当履行的监护职责。

第十七条 未成年人的父母或者其他监护人不得实施下列行为：

（一）虐待、遗弃、非法送养未成年人或者对未成年人实施家庭暴力；

（二）放任、教唆或者利用未成年人实施违法犯罪行为；

（三）放任、唆使未成年人参与邪教、迷信活动或者接

受恐怖主义、分裂主义、极端主义等侵害;

（四）放任、唆使未成年人吸烟（含电子烟，下同）、饮酒、赌博、流浪乞讨或者欺凌他人;

（五）放任或者迫使应当接受义务教育的未成年人失学、辍学;

（六）放任未成年人沉迷网络，接触危害或者可能影响其身心健康的图书、报刊、电影、广播电视节目、音像制品、电子出版物和网络信息等;

（七）放任未成年人进入营业性娱乐场所、酒吧、互联网上网服务营业场所等不适宜未成年人活动的场所;

（八）允许或者迫使未成年人从事国家规定以外的劳动;

（九）允许、迫使未成年人结婚或者为未成年人订立婚约;

（十）违法处分、侵吞未成年人的财产或者利用未成年人牟取不正当利益;

（十一）其他侵犯未成年人身心健康、财产权益或者不依法履行未成年人保护义务的行为。

第二十条　未成年人的父母或者其他监护人发现未成年人身心健康受到侵害、疑似受到侵害或者其他合法权益受到侵犯的，应当及时了解情况并采取保护措施;情况严重的，应当立即向公安、民政、教育等部门报告。

第二十一条　未成年人的父母或者其他监护人不得使未满八周岁或者由于身体、心理原因需要特别照顾的未成年人处于无人看护状态，或者将其交由无民事行为能力、限制民事行为能力、患有严重传染性疾病或者其他不适宜的人员临时照护。

未成年人的父母或者其他监护人不得使未满十六周岁的未成年人脱离监护单独生活。

第二十二条 未成年人的父母或者其他监护人因外出务工等原因在一定期限内不能完全履行监护职责的，应当委托具有照护能力的完全民事行为能力人代为照护；无正当理由的，不得委托他人代为照护。

未成年人的父母或者其他监护人在确定被委托人时，应当综合考虑其道德品质、家庭状况、身心健康状况、与未成年人生活情感上的联系等情况，并听取有表达意愿能力未成年人的意见。

具有下列情形之一的，不得作为被委托人：

（一）曾实施性侵害、虐待、遗弃、拐卖、暴力伤害等违法犯罪行为；

（二）有吸毒、酗酒、赌博等恶习；

（三）曾拒不履行或者长期怠于履行监护、照护职责；

（四）其他不适宜担任被委托人的情形。

第二十三条 未成年人的父母或者其他监护人应当及时将委托照护情况书面告知未成年人所在学校、幼儿园和实际居住地的居民委员会、村民委员会，加强和未成年人所在学校、幼儿园的沟通；与未成年人、被委托人至少每周联系和交流一次，了解未成年人的生活、学习、心理等情况,并给予未成年人亲情关爱。

未成年人的父母或者其他监护人接到被委托人、居民委员会、村民委员会、学校、幼儿园等关于未成年人心理、行为异常的通知后,应当及时采取干预措施。

第二十四条 未成年人的父母离婚时,应当妥善处理未成年子女的抚养、教育、探望、财产等事宜,听取有表达意愿能力未成年人的意见。不得以抢夺、藏匿未成年子女等方式争夺抚养权。

未成年人的父母离婚后,不直接抚养未成年子女的一方应当依照协议、人民法院判决或者调解确定的时间和方式,在不影响未成年人学习、生活的情况下探望未成年子女,直接抚养的一方应当配合,但被人民法院依法中止探望权的除外。

第七十一条 未成年人的父母或者其他监护人应当提高网络素养,规范自身使用网络的行为,加强对未成年人使用网络行为的引导和监督。

未成年人的父母或者其他监护人应当通过在智能终端产品上安装未成年人网络保护软件、选择适合未成年人的服务模式和管理功能等方式,避免未成年人接触危害或者可能影响其身心健康的网络信息,合理安排未成年人使用网络的时间,有效预防未成年人沉迷网络。

第一百零八条 未成年人的父母或者其他监护人不依法履行监护职责或者严重侵犯被监护的未成年人合法权益的,人民法院可以根据有关人员或者单位的申请,依法作出人身安全保护令或者撤销监护人资格。

被撤销监护人资格的父母或者其他监护人应当依法继续负担抚养费用。

第一百一十八条 未成年人的父母或者其他监护人不依法履行监护职责或者侵犯未成年人合法权益的,由其居住地的居民委员会、村民委员会予以劝诫、制止;情节严重的,居民委员会、村民委员会应当及时向公安机关报告。

公安机关接到报告或者公安机关、人民检察院、人民法院在办理案件过程中发现未成年人的父母或者其他监护人存在上述情形的,应当予以训诫,并可以责令其接受家庭教育指导。

中华人民共和国家庭教育促进法

第二条 本法所称家庭教育,是指父母或者其他监护人为促进未成年人全面健康成长,对其实施的道德品质、身体素质、生活技能、文化修养、行为习惯等方面的培育、引导和影响。

第三条 家庭教育以立德树人为根本任务,培育和践行社会主义核心价值观,弘扬中华民族优秀传统文化、革命文化、社会主义先进文化,促进未成年人健康成长。

第四条 未成年人的父母或者其他监护人负责实施家庭教育。

国家和社会为家庭教育提供指导、支持和服务。

国家工作人员应当带头树立良好家风，履行家庭教育责任。

第五条 家庭教育应当符合以下要求：

（一）尊重未成年人身心发展规律和个体差异；

（二）尊重未成年人人格尊严，保护未成年人隐私权和个人信息，保障未成年人合法权益；

（三）遵循家庭教育特点，贯彻科学的家庭教育理念和方法；

（四）家庭教育、学校教育、社会教育紧密结合、协调一致；

（五）结合实际情况采取灵活多样的措施。

第十四条 父母或者其他监护人应当树立家庭是第一个课堂、家长是第一任老师的责任意识，承担对未成年人实施家庭教育的主体责任，用正确思想、方法和行为教育未成年人养成良好思想、品行和习惯。

共同生活的具有完全民事行为能力的其他家庭成员应当协助和配合未成年人的父母或者其他监护人实施家庭教育。

第十五条 未成年人的父母或者其他监护人及其他家庭成员应当注重家庭建设，培育积极健康的家庭文化，树立和传承优良家风，弘扬中华民族家庭美德，共同构建文明、和睦的家庭关系，为未成年人健康成长营造良好的家庭环境。

第十六条 未成年人的父母或者其他监护人应当针对

不同年龄段未成年人的身心发展特点,以下列内容为指引,开展家庭教育:

（一）教育未成年人爱党、爱国、爱人民、爱集体、爱社会主义,树立维护国家统一的观念,铸牢中华民族共同体意识,培养家国情怀;

（二）教育未成年人崇德向善、尊老爱幼、热爱家庭、勤俭节约、团结互助、诚信友爱、遵纪守法,培养其良好社会公德、家庭美德、个人品德意识和法治意识;

（三）帮助未成年人树立正确的成才观,引导其培养广泛兴趣爱好、健康审美追求和良好学习习惯,增强科学探索精神、创新意识和能力;

（四）保证未成年人营养均衡、科学运动、睡眠充足、身心愉悦,引导其养成良好生活习惯和行为习惯,促进其身心健康发展;

（五）关注未成年人心理健康,教导其珍爱生命,对其进行交通出行、健康上网和防欺凌、防溺水、防诈骗、防拐卖、防性侵等方面的安全知识教育,帮助其掌握安全知识和技能,增强其自我保护的意识和能力;

（六）帮助未成年人树立正确的劳动观念,参加力所能及的劳动,提高生活自理能力和独立生活能力,养成吃苦耐劳的优秀品格和热爱劳动的良好习惯。

第十七条 未成年人的父母或者其他监护人实施家庭教育,应当关注未成年人的生理、心理、智力发展状况,尊重其参与相关家庭事务和发表意见的权利,合理运用以

下方式方法:

(一)亲自养育,加强亲子陪伴;

(二)共同参与,发挥父母双方的作用;

(三)相机而教,寓教于日常生活之中;

(四)潜移默化,言传与身教相结合;

(五)严慈相济,关心爱护与严格要求并重;

(六)尊重差异,根据年龄和个性特点进行科学引导;

(七)平等交流,予以尊重、理解和鼓励;

(八)相互促进,父母与子女共同成长;

(九)其他有益于未成年人全面发展、健康成长的方式方法。

第十八条 未成年人的父母或者其他监护人应当树立正确的家庭教育理念,自觉学习家庭教育知识,在孕期和未成年人进入婴幼儿照护服务机构、幼儿园、中小学校等重要时段进行有针对性的学习,掌握科学的家庭教育方法,提高家庭教育的能力。

第十九条 未成年人的父母或者其他监护人应当与中小学校、幼儿园、婴幼儿照护服务机构、社区密切配合,积极参加其提供的公益性家庭教育指导和实践活动,共同促进未成年人健康成长。

第二十条 未成年人的父母分居或者离异的,应当相互配合履行家庭教育责任,任何一方不得拒绝或者怠于履行;除法律另有规定外,不得阻碍另一方实施家庭教育。

第二十一条 未成年人的父母或者其他监护人依法委

托他人代为照护未成年人的,应当与被委托人、未成年人保持联系,定期了解未成年人学习、生活情况和心理状况,与被委托人共同履行家庭教育责任。

第二十二条 未成年人的父母或者其他监护人应当合理安排未成年人学习、休息、娱乐和体育锻炼的时间,避免加重未成年人学习负担,预防未成年人沉迷网络。

第二十三条 未成年人的父母或者其他监护人不得因性别、身体状况、智力等歧视未成年人,不得实施家庭暴力,不得胁迫、引诱、教唆、纵容、利用未成年人从事违反法律法规和社会公德的活动。

第四十八条 未成年人住所地的居民委员会、村民委员会、妇女联合会,未成年人的父母或者其他监护人所在单位,以及中小学校、幼儿园等有关密切接触未成年人的单位,发现父母或者其他监护人拒绝、怠于履行家庭教育责任,或者非法阻碍其他监护人实施家庭教育的,应当予以批评教育、劝诫制止,必要时督促其接受家庭教育指导。

未成年人的父母或者其他监护人依法委托他人代为照护未成年人,有关单位发现被委托人不依法履行家庭教育责任的,适用前款规定。

第四十九条 公安机关、人民检察院、人民法院在办理案件过程中,发现未成年人存在严重不良行为或者实施犯罪行为,或者未成年人的父母或者其他监护人不正确实施家庭教育侵害未成年人合法权益的,根据情况对父母或者其他监护人予以训诫,并可以责令其接受家庭教育指导。

第五十三条 未成年人的父母或者其他监护人在家庭教育过程中对未成年人实施家庭暴力的,依照《中华人民共和国未成年人保护法》《中华人民共和国反家庭暴力法》等法律的规定追究法律责任。

郑重声明

高等教育出版社依法对本书享有专有出版权。任何未经许可的复制、销售行为均违反《中华人民共和国著作权法》,其行为人将承担相应的民事责任和行政责任;构成犯罪的,将被依法追究刑事责任。为了维护市场秩序,保护读者的合法权益,避免读者误用盗版书造成不良后果,我社将配合行政执法部门和司法机关对违法犯罪的单位和个人进行严厉打击。社会各界人士如发现上述侵权行为,希望及时举报,我社将奖励举报有功人员。

反盗版举报电话　（010）58581999　58582371
反盗版举报邮箱　dd@hep.com.cn
通信地址　北京市西城区德外大街4号
　　　　　高等教育出版社法律事务部
邮政编码　100120

读者意见反馈

为收集对教材的意见建议,进一步完善教材编写并做好服务工作,读者可将对本教材的意见建议通过如下渠道反馈至我社。

咨询电话　400-810-0598
反馈邮箱　gjdzfwb@pub.hep.cn
通信地址　北京市朝阳区惠新东街4号富盛大厦1座
　　　　　高等教育出版社总编辑办公室
邮政编码　100029

图书在版编目（CIP）数据

与孩子共同成长. 5—6年级 / 重庆市教育学会，重庆市南岸区妇女联合会组织编写. -- 北京：高等教育出版社，2023.11
ISBN 978-7-04-060736-9

Ⅰ. ①与… Ⅱ. ①重… ②重… Ⅲ. ①小学生-家庭教育 Ⅳ. ①G78

中国国家版本馆CIP数据核字(2023)第123105号

YU HAIZI GONGTONG CHENGZHANG（5—6 NIANJI）

总 策 划	韩 筠	策划编辑	韩 筠 栾少宁	责任编辑	栾少宁
封面设计	王 琰	版式设计	于 婕	责任绘图	王 琰
责任校对	张 薇	责任印制	田 甜		

出版发行	高等教育出版社	网 址	http://www.hep.edu.cn
社 址	北京市西城区德外大街4号		http://www.hep.com.cn
邮政编码	100120	网上订购	http://www.hepmall.com.cn
印 刷	北京市白帆印务有限公司		http://www.hepmall.com
开 本	787 mm × 1092 mm 1/32		http://www.hepmall.cn
印 张	4.625		
字 数	88千字	版 次	2023年11月第1版
购书热线	010-58581118	印 次	2023年11月第1次印刷
咨询电话	400-810-0598	定 价	22.50元

本书如有缺页、倒页、脱页等质量问题，请到所购图书销售部门联系调换
版权所有　侵权必究
物 料 号　60736-00